JN080753

学校図書館メディアの構成

米谷優子・呑海沙織

学校図書館メディアの構成 （'22）

©2022　米谷優子・呑海沙織

装丁・ブックデザイン：畑中　猛

o-41

まえがき

　本書は，放送大学で開講される学校図書館司書教諭資格科目の1つである「学校図書館メディアの構成」の学習を進める際の教材として作成する印刷教材である。インターネットで配信される教材と合わせて使用することが想定されているが，この印刷教材単独で教科書として用いることができるようにも配慮している。司書教諭並びに学校司書を目指す学生の学習に，また学校図書館やその業務について学びたい多くの方に役立てていただけることを願うものである。

　学校図書館は，初等・中等教育機関に置かれる図書館である。教育は人類が積み上げてきた知識を整理して，次の時代を創る世代に伝える営みであり，学校は教育を組織的に実施する仕組みである。

　同時に学校図書館は，図書館の一種でもある。図書館は，人間の知識や情報を収集し整理し保存して利用者に提供する役割をもち，先人たちそして同時代の人々の知識の結晶を集積し，引き継ぎ，未来へと渡していく機関といえる。記録情報は，人類の知識が推敲を重ねたうえで継承されてきた資産である。現代に生きる人間がそれらを得て自身の知識に昇華させれば，それはいまを生きる力となり，未来を紡ぐ情報を生み出す源泉となる。記録を通しての静かで豊かな対話があり，主体的な利用によってそれを自らの血肉としていく機会を提供する図書館は，現行学習指導要領の要である「主体的・対話的で深い学び」の恰好の実践の場ともいえる。

　現代は，技術の飛躍的な進歩により，さまざまな媒体によって情報が提供されるようになった。多くの情報が溢れる現代社会には，情報を読み解き吟味する時間と余裕をもたせず，知識を積み上げる機会を減じる

危険性が潜んでいる。現に，インターネットを中心に，偽情報や偏向情報が大量に流通しそれを安易に鵜呑みにしがちであることが問題になっている。

　このような状況下にあって，教育と図書館の交差する位置にある学校図書館は極めて重要な役割を持っている。図書館は信頼性の高い情報を提供する機関であるとともに，情報の信頼性を見極める力である情報活用能力を培う場でもあるからだ。そして，司書教諭は，学校において情報と人を結びつける専門職である。学校図書館の現場に赴こうとする皆さんには，この学校図書館の役割と専門職の矜持を強く意識して学習を進めていかれることを強く願っている。

　5つの司書教諭科目のうち，この「学校図書館メディアの構成」では，学習・読書の支援や情報提供等の直接サービスがスムーズに遂行されるように行う準備やバックヤード業務について学習する。図書館では間接サービスといわれる領域を扱っている。

　各章はインターネット教材の全15回に対応しており，第1章で現代の図書館・学校図書館の役割を確認したあと，第2章から第5章では，学校図書館メディアの種類とそれぞれの特性について学習する。第5章では，インクルーシブ教育の発展から，特別な支援を必要とする児童生徒対象の資料について扱っている。第6章から第8章では出版物を学校図書館の資料とし，管理する一連の作業について学習する。そして，第9章から第14章は，利用者が図書館情報資源を探しやすく利用しやすくするように図書館が行う工夫の実際を学習する。情報資源の内容による索引を付与したり検索のための目録を作成することがここに含まれる。そして第15章では，今後に向けての新たな潮流等について解説する。

　執筆は，主任講師2名ならびに川瀬綾子分担講師の計3名で行った。

なるべく新しい情報を取り入れ，かつ平易な表現で具体的に記述するように心がけた。ただし変化の流れは速く，今後，執筆時とは異なる状況が出現することも予想される。読者の皆さんには，本書で得た基礎知識に，現況に関する情報をプラスして，生きた学習を心がけるようお願いしたい。

　最後に，印刷教材作成でお世話になった大河内さほ氏，インターネット教材作成でお力添えくださった放送大学の小倉咲和子氏，㈱デジタル・ナレッジの細川賢仁氏，その他多くの支援をいただいた方々に深く感謝を申し上げる。

2021年12月

米谷優子
呑海沙織

目 次

1 | 学校図書館の目的・機能と学校図書館メディア

米谷優子

《**目標＆ポイント**》　本章では，学校図書館の意義について確認し，図書館が扱う「情報」と「記録」等について整理する。そして学校図書館の機能，学校図書館が備えるべき情報資源（学校図書館メディア）について確認する。司書教諭科目を概観したのち，当科目「学校図書館メディアの構成」の学習内容について解説する。

《**キーワード**》　学校図書館法，図書館，情報，知識，メディア，学校図書館メディア，図書館学の五法則，学校図書館ガイドライン，司書教諭

1. 学校の中の図書館

　学校図書館は，「学校教育において欠くことのできない基礎的な設備」（学校図書館法第1条[1]）であり，設置義務が法定されている（学校教育法施行規則第1条[2]，学校図書館法第3条[3]）。

　教育の目的は「人格の完成」と「平和で民主的な国家及び社会の形成者として必要な資質を備えた心身ともに健康な国民の育成」（教育基本法第一条）であり，学校教育はこの目的を実現するために行われる。

　一方，学校図書館は，公立図書館，大学図書館等と同様に，「図書館」の一種でもある。図書館は「人間の知的生産物である記録された知識や情報を収集，組織，保存し，人々の要求に応じて提供することを目的とする社会的機関」と定義されており，共時的には「知識や情報の伝播を

円滑にするコミュニケーションの媒介機関」，通時的には「記録資料の保存，累積によって世代間を通しての文化の継承，発展に寄与する社会的記憶装置」としての役割をもつとされる[4]。

　学校教育の場にある学校図書館は，「教育」を担う学校内の基礎的設備であるだけでなく，知識や情報の伝播や文化の継承・発展に寄与する「図書館」の，両者の目的を背負った位置にある。

　学校図書館の利用者の多くを占める児童生徒は，図書館を自主的・自発的に利用する最初の経験を学校図書館で持つことになり，児童生徒の「図書館」の認識は学校図書館によって決まるともいえる。

　学校図書館に携わるすべての人間が，教育の目的を基礎におきながら，図書館の在り方を希求する，学校図書館の意義を強く心に留めておく必要がある。

2.「情報」と現代図書館の意義

　先に示したように，図書館は，何らかの「情報」がその上にとどめられた「記録」を収集し整理し保存して，提供する機関である。

　ただし，Society5.0による超スマート社会を迎えようとする現代では，手元の情報端末で多くの「情報」が手に入るようになっている。従来の図書館が扱ってきた出版物等に記された記録だけが「情報」であるわけではなく，情報入手の窓口は図書館に限定されない。むしろネットワーク上には，遥かに大量の「情報」が，溢れている。このような時代においては，図書館の意義に疑義をもつ者も出てくるかもしれない。

　これについて考えるにあたって，まずは図書館が扱っている「情報」や「記録」について確認しておきたい。

（1）「情報」の定義

　明治維新後に取り入れられた「情報」という語は，当初は軍事用語で敵情の報知といった意味で用いられていたが，福沢諭吉が「智の一種」として紹介した。現在では「事実，思想，感情などが他者に伝達可能な形で表現されたもの」[5]，「一般には，ある物事についての知らせ，何らかの知識が得られるもののこと」[6]などと定義されている。

　たとえば，現在自分を取り巻く空気が温度をもっているということが「事実」であり，「データ」はそれを摂氏30度などと他人に伝えられる形にしたもので，この場合「データ」自体が「情報」になっている（データは評価されていないメッセージともいわれる）。情報はこのようにデータそれ自体である場合もあれば，「気温が30度で昨日と同じだが，風があるので昨日より凌ぎやすい」など，データに自身の感想・意見を付加したり，「2020年8月の大阪の平均気温は30度を超えており，太平洋高気圧やチベット高気圧が張り出した影響で暑かった」と，データに基づいて得た自身あるいは別の人の判断を伝えることもあり，これらもまた「情報」であるといえる。すなわち，情報には人の評価等も加わっていることがあり，その評価はそれぞれで異なっていて絶対的なものではない。情報を受け取り利用しようとする者は，「データ」と「意見」「評価」を適切に見分けることが必要となる。

　また，「情報」はそれを発するそのものに付随してあるのではなく，受け取る側が生み出すものとも言われる。「情報」がときに，人の判断や評価を含めていることを考えると納得できることだろう。データは同じでも，そこに付け加えられる評価が異なれば，発信者そして受信者の数の種類だけ「情報」があるということになる。

　ただし，さまざまな「情報」を集積するだけでは「知識」にはならない。自身に取り込んだ「情報」を「知識」として使えるようにするには，

体系化し整理する，各自の作業が不可欠であり，そこに沈思黙考の時間
をもつことの必要性がある。

（2）情報の記録の歴史

　人類は二足歩行を始めたことによって脳容量が大きくなり，道具と
「ことば」を持ち始めた。自分の意思や，ここに何があるという情報を
伝えるために音声を用いることは動物の世界でもあるが，人間は音と概
念を結び付けて「ことば」を生み出し，それを定着させてきた。

　ただし，音声による情報はその場限りである。人はそれを「記憶」す
ることでその場にいなかった他者に口頭で伝えた。それが音声というメ
ディアに載った情報のやりとりのみに依っていた時代の唯一の方法で
あった（非記録情報）。

　この，「記憶」に依存した情報伝達の制約を超えるために，文字が発
明された。人間が思ったり考えたりして生み出した「情報」の集積であ
る知的生産物は，なんらかの形のある物に文字を用いて「記録」される
ようになった（記録情報）。

　人類最初の文字体系は，紀元前4千年ころのシュメール人の楔形文字
といわれ，この文字の刻まれた粘土板が発見されている。

　エジプトではパピルスという植物の茎から作った薄いシート状のもの
にインクで象形文字が記され，巻物（巻子本）にして保管されていたと
いう。

　中国の黄河文明では，動物の骨やその後竹簡などに記された甲骨文字
が発見されている。これが現在の漢字のもとであり，日本にはこれが1
世紀ころ伝わって用いられるようになったばかりでなく，これを崩して
ひらがなやカタカナという新しい文字体系が作られた。

　このように「記録」として物体に留め置かれることで，「情報」は時

間的・空間的制約を乗り越えて，より多くの人間に伝えられることになる。

ただし，ギリシャのソクラテスなど古代の偉人・英雄といわれた人は，話し言葉に重きを置いていて，記録を重視していなかった。しかし，彼らの思想が今日まで伝わっているのは，その弟子がその教えを書き記したからである。こうして情報を「記録」することで，蓄積し，それが後世の人間の知識の源泉となっていく時代が始まった。

その後，地中海からインダスまでの巨大なマケドニア帝国を築いたアレクサンドロスの後裔，プトレマイオス朝のプトレマイオスⅠ世は，紀元前300年頃，アレクサンドリアに図書館を築き，そこにパピルスの巻子本を多数集めたとされている。

イスラム世界の拡張とともにパピルスの供給が困難になると，欧州では羊皮紙が用いられた。一方，中国では紙が記録の材料として発明され重用された。紙葉をつなげて巻き，あるいは綴じてできた「図書」は，人類の知識の記録の主流となった。紙はその後中世になって西欧にも伝わり図書の主要な材料となる。

15世紀ドイツのグーテンベルクによる活版印刷術の発明は，それまで手写でしか複製できなかった文書の大量複製を可能にした革命的な出来事であった。この後，大量の図書が世の中に出回っていくようになる。

そして，図書を収集し保存する施設として図書館もまた各地で設けられていく。これは初等教育の普及や識字率の向上とも呼応している。

20世紀に入ると，速報性を重視する用途に対応するため，簡易なつくりの出版物である雑誌や新聞が生まれてきた。さらに新たな媒体として，写真，録音資料，動画を記録した映像フィルムなども生まれ，それらも図書館の収集対象となった。

図書館に共通する考え方として，20世紀半ばには「図書館学の五法

則」[7]が提唱されている。これは，インドの図書館学者ランガナタンが，図書館とは何か，人が生きていくうえでどのような役割を果たすのかを考察して，図書館の在り方を26語の英文にまとめたものである。ランガナタンの五法則を貫く基本的な考えとして，竹内は「人びとが情報や知識を自由に手に入れ，それによって考え，自分の成熟・成長を図る。みんながそうなることによって民主主義社会が成立する」「図書館とは，単に本を並べて貸し出すところではなく，人が情報や知識を賢く使って，その人らしく生きていくことを援助するという大きな目的と機能を持つ」とまとめている[8]。

図書館学の五法則（ランガナタン）

第一法則：本は利用するためのものである
第二法則：いずれの人にも全てその人の本を
第三法則：いずれの本にも全てその読者を
第四法則：読者の時間を節約せよ
第五法則：図書館は成長する有機体である

（3）図書館資料と情報メディア

「情報」は「メディアによって発信者から受信者に伝えられるメッセージの意味・内容」[9]とも定義されるように，すなわち，情報はメディアという乗り物にのってやりとりされる。メディア（media = medium の複数形）とは，発信者と受信者との間を媒介するものをいう。文字，図形，音声，電波などのことをいうこともあるが，図書，テレビ，ラジオ，電話，電信，インターネットなどの情報伝達手段をいうことが多い。さらに，記録のための方法，手段を指すこともあり，大きく，パッケージ系と通信系（ネットワーク系）に分けることができる。

　情報を記録した物体は，元来，資料と呼ばれてきた。図書館で収集すべき「図書館資料」とは，一般に，図書・雑誌・新聞などの出版物，紙芝居，パンフレット類などの紙資料のほか，レコード，カセットテープ，ビデオテープ，CD，CD-ROM，DVD などのパッケージ系記録メディアが想定されていた。

　しかし情報化の進展とともに，パッケージ系記録メディアに記録されない，ネットワーク系情報の流通が活発になっている。図書館で扱う「情報」も物体におさまるパッケージ系記録メディアに限定されなくなっている。そのため，現在では「図書館情報資源」と称して，より幅広い媒体による情報を含む概念に対応している。

　ただし，「情報」がさまざまな媒体で提供されるようになっていても，質的な相違があることに注意しなければならない。

　図書など記録情報として残ってきたものの背景には，書き捨てた草稿や現場で戦わせた議論などの記録されなかった多くの情報が存在したはずである。記録として残っているものはそれらが淘汰され整理され，まとめられて，残されるべきかたちとしてできあがった「成果物」である。一般に，図書等従来からある記録情報メディアの情報は淘汰されてきた「成果物」であることから信頼性が高い。

　一方，インターネット情報は，一見フラットだが，実は発信者によって質が大きく異なる。

　たとえば国・政府の統計情報や調査報告や会議報告など，従来は図書または逐次刊行物，小冊子という紙媒体の情報資源で発刊されてきた情報が，媒体を変更してインターネット情報になっている場合は，インターネット上の情報でも信頼性が高いといえる。

　しかし，インターネット上の情報の中には「成果物」に到達する以前のプロセスで生じたり，「成果物」としてまとめることを意図しないで

発信されるような，未整理・未検証で曖昧な情報が多分に含まれている。またネットワーク情報発信の障壁の低さや匿名性を逆手にとって，故意に虚偽の情報を流通させる「偽情報」という新たな問題も起こっている。検索エンジンの閲覧履歴に応じてページを表示する「パーソナル化」によって，興味関心をもつ範囲の，自分の意見に近い，ごく一部の情報だけを閲覧する傾向が高まって，情報を批判的に読み解く力が弱いことが指摘されている[10]。

　信頼性の高い情報の公平な選択・利用を支援する。これが，現代の図書館の大きな役割である。児童生徒らまさに成長途上の者に相対する学校図書館担当者は，特にこのことを強く意識しておく必要がある。学校という教育の場では，何よりも信頼性の高い記録情報の収集や適切な読解・利用の指導・支援に努めなくてはならない。

3. 学校図書館の目的・機能と学校図書館メディア

　学校図書館の目的について，学校図書館法第2条定義の後半では次のように記されている。

　　（略）図書，視覚聴覚教育の資料その他学校教育に必要な資料（以下「図書館資料」という。）を収集し，整理し，及び保存し，これを児童又は生徒及び教員の利用に供することによつて，学校の教育課程の展開に寄与するとともに，児童又は生徒の健全な教養を育成することを目的として設けられる（略）。

　この「図書館資料」は，先に述べたように，現在では図書館の「情報メディア」と言い換えることができ，「図書館情報資源」という語で表される。学校図書館で扱う情報資源全般は「学校図書館メディア」とい

う。

　学校図書館の基本的な理念を述べたものに，上記の学校図書館法のほかに，全国学校図書館協議会（全国 SLA）による「学校図書館憲章」[11]（1991（平成 3）年）があり，「学校図書館評価基準」[12]「学校図書館メディア基準」[13]「学校図書館図書廃棄規準」[14]等がそれぞれ定められている。「学校図書館憲章」では「1　学校図書館は，資料の収集・整理・保存・提供などの活動をとおし，学校教育の充実と発展および文化の継承と創造に努める」「3　学校図書館は，資料の収集や提供を主体的に行い，児童生徒の学ぶ権利・知る権利を保障する」等を理念として掲げている。

　また，文部科学省の「学校図書館の整備充実について（通知）」（2016（平成28）年）に添付された「学校図書館ガイドライン」[15]は，「学校図書館の運営上の重要な事項についてその望ましい在り方を示し」たものである。このガイドラインでは，学校図書館法第 1 条および第 2 条から引用してその目的を説明したのち，学校図書館の機能として，読書センター，学習センター，情報センターの 3 つの機能を挙げている。

　「読書センター」機能は，児童生徒の読書活動を充実させ，読書体験を豊かにする働きである。読書はことばを育てる営みである。ことばを育てることは知識や知恵の素地をつくることであり，それは人間の根本を作ることにつながる。「知識や情報を得るための読書は分析し比較し批判し推測するなどの知性を育み，培い，情報を使う力を育成」し，他方，「読書体験の積み重ねは（略）人間性を豊かにし人としての成長を促す。そしてこれらの 2 つのタイプの読書体験の蓄積があいまって，児童生徒は主体的に生きる力を醸成していく」[16]と堀川は解説している。

　一方，「学習センター」機能は，「児童生徒の学習活動を支援したり，授業の内容を豊かにしてその理解を深めたりする」[17]機能である。また，

「情報センター」としての機能は「児童生徒や教職員の情報ニーズに対応したり，児童生徒の情報の収集・選択・活用能力を育成したりする機能」[18]である。

　以上から，学校図書館は，「学校図書館メディア」を「収集」「整理」「保存」し，利用者である児童生徒および教職員に「提供」することによって，教科学習等の学習活動を支援し児童生徒の理解を深め，情報活用の能力の育成に寄与すると同時に，児童生徒一人ひとりの人間性を伸ばし成長を促して，主体的に生きる力を培うことを支援する機関である，といえる。

　そして，その収集・整理・保存・提供の対象となる，現代の学校図書館が備えるべき「学校図書館メディア」について，「学校図書館ガイドライン」では，以下のように，明記している。

> 学校図書館の図書館資料には，図書資料のほか，雑誌，新聞，視聴覚資料（CD，DVD 等），電子資料（CD-ROM，ネットワーク情報資源（ネットワークを介して得られる情報コンテンツ）等），ファイル資料，パンフレット，自校独自の資料，模型等の図書以外の資料が含まれる。

　なお，IFLA（国際図書館連盟）と国際連合教育科学文化機関（UNESCO：ユネスコ）による「IFLA／ユネスコ学校図書館宣言」は1999年発表の版でもすでに，「図書館員は，小説からドキュメンタリーまで，印刷資料から電子資料まで，あるいはその場でも遠くからでも，幅広い範囲の図書やその他の情報源を利用することを支援する」と述べていた[19]。これに基づいた「IFLA ユネスコ学校図書館ガイドライン」の2015年改訂版[20]は，「学校図書館は，さまざまなフィジカルおよびデ

ジタルリソースへのアクセスを提供する必要がある。（略）ますます，電子書籍（参考図書，フィクション，ノンフィクション）などのデジタル情報資源，オンラインデータベース，オンライン新聞や雑誌，ビデオゲーム，マルチメディア学習教材が図書館の情報資源のかなりの部分になる」と述べている。

　学校図書館の図書館資料として，従来からイメージされてきた図書等の印刷メディアに加えて，CD-ROM，電子書籍，オンラインデータベース，ネットワーク情報資源などの「電子資料（デジタル情報資源）」が含まれている。「学校図書館メディア」はこれらをすべて含めた概念であることに，改めて注意を払いたい。

　学校図書館は，このさまざまな媒体を含む学校図書館メディアと，利用者である児童生徒ならびに教職員を結びつける，学校図書館の専門職による，適切で有効な働きがあってこそ，学校図書館法や学校図書館ガイドライン等が掲げる目的に近づくことができる。

4.　今日の学校教育と学校図書館

　今日的な文脈で学校図書館について考える際には，「学習指導要領」やそのほかの教育に関する施策もあわせて確認しておく必要がある。

　現行の学習指導要領は2017（平成29）・2019（平成31）年に告示され，2020（令和2）年度から段階的に実施されている。「アクティブ・ラーニング」の視点をもって「主体的・対話的で深い学び」の実現を目指すことが主唱されており，すべての学習の基盤となる力として，言語能力，情報活用能力，問題発見・解決能力などが挙げられている。

　学習指導要領の本文では，小・中・高とも「総則」で「学校図書館を計画的に利用しその機能の活用を図り，児童の主体的・対話的で深い学びの実現に向けた授業改善に生かすとともに，児童（生徒）の自主的，

自発的な学習活動や読書活動を充実すること」などと述べられているほか，国語科・社会科・総合的な学習の時間・特別活動においても，学校図書館の利活用が挙げられている。

この学習指導要領の記述は，現在進められている「教育の情報化」[21]に関する手引き（「教育の情報化に関する手引き」[22]）においても引用されている。この手引きでは，情報活用能力を「世の中の様々な事象を情報とその結び付きとして捉えて把握し，情報及び情報技術を適切かつ効果的に活用して，問題を発見・解決したり自分の考えを形成したりしていくために必要な資質・能力」と定義して，「情報を主体的に捉えながら，何が重要かを主体的に考え，見いだした情報を活用しながら他者と協働し，新たな価値の創造に挑んでいくために重要」としている。

情報活用能力は，学習指導要領において，言語能力（読解力等）とともに，すべての学習の基礎となる力に挙げられている。学校図書館の「読書センター」「学習センター」「情報センター」それぞれの機能が，この言語能力そして情報活用能力の育成に深くかかわっている。このことについて，学校図書館担当者は強く意識しておく必要がある。

なお，IFLA およびユネスコは「メディア情報リテラシー（MIL）」という概念を打ち出している。メディア・リテラシー（民主主義社会におけるメディアの機能を理解し，メディア・コンテンツを批判的に読み解き，創造・コミュニケーションする能力）と情報リテラシー（情報の必要性を把握し，収集・整理・評価する能力）を統合・発展させた新しい概念で，「未来の市民としての能力の育成」が目的とされている[23]。「情報活用能力」が情報技術の利用だけに片寄って解釈されがちなのが現代日本の現状だが，「偽情報」や情報の鵜呑みが問題になる中で，心に留めておきたい概念である。

一方，「学校図書館の現状に関する調査」（文部科学省）[24]と，「学校読

書調査」（全国 SLA・毎日新聞社：毎年）[25]は，学校図書館や読書活動の
全国的な状況を示している。後者によれば学年が上がるにつれて読書率
は低下して，高校生では不読者が半数を超えており，読む者と不読者の
格差・二極分化が問題となっている。学校図書館担当者はこのような現
況を踏まえたうえで，各法やガイドラインが示す学校図書館の目的に向
けた舵取りを確かにしていかなくてはならない。

5. 司書教諭科目の位置づけと「学校図書館メディアの構成」の学習内容

　先にみたように，学校図書館担当者には「教育課程の展開に寄与」し
「児童生徒の教養を育成する」学校図書館の専門職としてのはたらきが
求められている。

　学校図書館の専門職として司書教諭（学校図書館法第 5 条）と学校司
書（学校図書館法第 6 条）が法定されており，司書教諭の養成課程とし
て，5 科目10単位が学校図書館司書教諭講習規程で定められている。学
校図書館を総論的に扱う「学校経営と学校図書館」，学校図書館の直接
サービス（public service）として，学校での教育課程として実施され
る学習活動と直結した学習センター・情報センターの役割を扱う「学習
指導と学校図書館」，個別の自主的な学習および自発的な「読み」に対
応する読書センターの役割を扱う「読書と豊かな人間性」，情報や情報
メディアについて活用の面から考える情報利用に関する実践力の養成を
扱う「情報メディアの活用」，そして，当科目「学校図書館メディアの
構成」である。

　「学校図書館メディアの構成」は，図書館での情報・情報資源の収集・
整理・保存の理念と方法について学び実践力を養う科目である。学校図
書館が提供する図書館サービスのうち，間接サービス（technical

service)，すなわち直接サービスを裏から支える活動を扱っている。内容は，学校図書館メディアの特質の理解およびその選択収集・管理と，集積された学校図書館メディアを利用しやすいようにする仕組みとしての組織化，の2つに分けることができる。

いずれも，図書館の管理者・実務者の視点と利用者側との面からの視点の両者を持ちながら，理解し実践していくことが求められる。情報資源の収集・整理・保存は，提供すなわち児童生徒や教職員が利用するために行うのである。教職員への情報や情報資源の提供は，児童生徒の利用に直接的にも間接的にもつながる。これらのことを強く意識しておきたい。

加えて，学校図書館メディアやその整理は，情報化の進行を受けて今後変化が予想される分野であるため，適宜新しい情報を入れて，ブラッシュアップしていくことも不可欠である。

司書教諭科目は学校図書館を多角的に学習するもので，相互につながっている。関連性も意識して総合的に学校図書館をとらえ，学校図書館業務を理解して実践につなげてほしい。

注・参考文献

1　学校図書館法第1条
　第一条　この法律は，学校図書館が，学校教育において欠くことのできない基礎的な設備であることにかんがみ，その健全な発達を図り，もつて学校教育を充実することを目的とする。
2　学校教育法施行規則
　第一条　学校には，その学校の目的を実現するために必要な校地，校舎，校具，運動場，図書館又は図書室，保健室その他の設備を設けなければならない。

3　学校図書館法第3条
第三条　学校には，学校図書館を設けなければならない

4　日本図書館情報学会用語辞典編集委員会編『図書館情報学用語辞典』第5版，丸善出版，2020.

5　日本図書館協会用語委員会編『図書館用語集』4訂版，日本図書館協会，2013.

6　図書館用語辞典編集委員会編『最新図書館用語大辞典』柏書房，2004.

7　S. R. ランガナタン著／森耕一監訳『図書館学の五法則』日本図書館協会，1981.

8　竹内悊解説『図書館の歩む道：ランガナタン博士の五法則に学ぶ』日本図書館協会，2010, p.20-23.

9　日本図書館協会用語委員会編『図書館用語集』4訂版，日本図書館協会，2013.

10　坂本旬「「ポスト真実」時代のメディア・リテラシーと教育学：フェイクニュースとヘイトスピーチへの対抗」『生涯学習とキャリアデザイン』15（1）（2017.11）p.97-112. 坂本旬「学校図書館とオンライン情報評価能力の育成：法政大学第二中学校における実践から」『法政大学資格課程年報』7（2018.3）p.5-16.
　　また，「OECD 生徒の学習到達度調査2018年調査（PISA2018）のポイント」において，2018年調査から質と信ぴょう性を評価する」「矛盾を見つけて対処する」が定義に追加されたが，これらを問う問題の日本人生徒の正答率が平均より低かったことが指摘されている。

11　全国学校図書館協議会「学校図書館憲章」https://www.j-sla.or.jp/material/sla/post-33.html（確認2021.06.28）

12　全国学校図書館協議会「学校図書館評価基準」https://www.j-sla.or.jp/material/kijun/post-44.html（確認2021.06.28）

13　全国学校図書館協議会「学校図書館メディア基準」https://www.j-sla.or.jp/material/kijun/post-37.html（確認2021.06.28）

14　全国学校図書館協議会「学校図書館図書廃棄規準」https://www.j-sla.or.jp/material/kijun/post-36.html）（確認2021.06.28）

15　文部科学省　別添1「学校図書館ガイドライン」https://www.mext.go.jp/a_menu/shotou/dokusho/link/1380599.htm（確認2021.06.28）

16 堀川照代「「学校図書館ガイドライン」活用ハンドブック 解説編」悠光堂, 2018.

17 文部科学省 別添1「学校図書館ガイドライン」https://www.mext.go.jp/a_menu/shotou/dokusho/link/1380599.htm（確認2021.06.28）

18 前掲17

19 IFLA「IFLA/UNESCO School Library Manifesto 1999」https://www.ifla.org/publications/iflaunesco-school-library-manifesto-1999
（日本語訳）長倉美恵子・堀川照代訳「ユネスコ学校図書館宣言」www.u-gakugei.ac.jp/~schoolib/htdocs/?action=common_download_main&upload_id=6793（u-gakugei.ac.jp）（確認2021.06.28）
なお，IFLA ユネスコ学校図書館宣言」は2021年2月現在改訂作業が進められており，案が発表されている。

20 IFLA「IFLA School Library Guidelines, 2nd edition」2015 https://www.ifla.org/publications/node/9512 岩崎れい「「IFLA ユネスコ学校図書館ガイドライン」改訂版の内容とその論点」『現代の図書館』53（2）2015.p.90-95.

21 2019（令和元）年には「学校教育の情報化の推進に関する法律」が定められた。

22 2019（令和元）年には新しい学習指導要領に対応した「教育の情報化に関する手引き」が，そして2020（令和2）年にはその追補版が文部科学省から発表された。

23 和田正人ほか「ユネスコ『教師のためのメディア情報リテラシー教育カリキュラム』ガイド」（fulltext） 東京学芸大学紀要，総合教育科学系，64（2）：p.299-325，2013.2 http://hdl.handle.net/2309/132675（確認2021.06.28）

24 文部科学省「学校図書館の現状に関する調査」https://www.mext.go.jp/a_menu/shotou/dokusho/link/1360234.htm

25 全国学校図書館協議会「学校読書調査」https://www.j-sla.or.jp/material/research/dokusyotyousa.html
調査の詳細な結果と解説は，月刊『学校図書館』の毎年11月号に掲載される。

2 | 学校図書館メディアの種類と特性 1

川瀬綾子・米谷優子

《目標＆ポイント》　本章では，まず学校図書館で収集される情報資源について学校図書館に関連する各種法規や報告書，学習指導要領等から確認する。次に，情報資源の種類と特性について，印刷資料のうち，図書に着目して解説する。

《キーワード》　学校図書館メディア，印刷資料，図書

---

1. 学校図書館で必要とされる情報資源（学校図書館メディア）

　学校図書館メディアとは，学校教育課程の展開に寄与し，児童生徒の教養を育成するために，学校図書館が収集・整理・保存・提供する情報資源である。司書教諭は，学校が掲げた教育目標，教育課程に寄与すべく学校図書館メディアについて熟知し，その収集や整備に取り組まなくてはならない。

　ここでは，学校図書館に関連する各種法規や報告書，学習指導要領等からどのような情報資源の収集や提供が求められているのか確認しておこう。

（1）学校教育法（1947（昭和22）年3月施行　法律第26号，2019（令和元）年6月改正　法律第44号）

　学校教育法には，学校図書館に関する規定は存在しないが，第34条第

2項において「教科用図書以外の図書その他の教材で，有益適切なもの
は，これを使用することができる」と明記している[1]。また，第21条第
5項では義務教育中の普通教育の目標として「読書に親しませ，生活に
必要な国語を正しく理解し，使用する基礎的な能力を養うこと」として
いる。

（2）学校図書館法（1953（昭和28）年8月　法律第185号，2015（平成27）年6月改正　法律第46号）

学校図書館法第2条の定義では，学校図書館を「図書，視覚聴覚教育
の資料その他学校教育に必要な資料（以下「図書館資料」という。）を
収集し，整理し，及び保存し，これを児童又は生徒及び教員の利用に供
することによつて，学校の教育課程の展開に寄与するとともに，児童又
は生徒の健全な教養を育成することを目的として設けられる学校の設
備」であるとしている。学校教育法で定められている教科書以外の教材
や読書教育に資する情報資源を提供する機関が学校図書館となる[2]。

（3）学習指導要領

新学習指導要領（小学校：2020（令和2）年度～中学校：2021（令和3）
年度～高等学校：2022（令和4）年度～）では，「教育課程全体を通して
育成を目指す資質・能力」が示された。そこでは「学習の基盤となる資
質・能力」について，「言語能力，情報活用能力（情報モラルを含む），
問題発見・解決能力等」を打ち出し，さらにそれらを育成するために「教
科横断的な観点から教育課程の編成を図る」としている。また，そうし
た視点から教育課程の編成を図るため，カリキュラム・マネジメントの
必要性を述べ，その展開上に「社会に開かれた教育課程」を提示した。
そして全体を通じての学習プロセスを「主体的・対話的で深い学び」と

示している[3]。

　2020年度から全面実施された小学校の学習指導要領では，第1章総則において学校図書館の利活用として以下の定めがある[4]。なお，中学校，高等学校，特別支援学校でも概ね同様の文言となっている。

【小学校新学習指導要領】
〈第1章〉総則第3　教育課程の実施と学習評価
1　主体的・対話的で深い学びの実現に向けた授業改善
各教科等の指導に当たっては，次の事項に配慮するものとする。
（7）学校図書館を計画的に利用しその機能の活用を図り，児童の主体的・対話的で深い学びの実現に向けた授業改善に生かすとともに，児童の自主的，自発的な学習活動や読書活動を充実すること。（以下略）

　小学校の学習指導要領には，「学校図書館などを利用し，図鑑や科学的なことについて書いた本など」，「事典や図鑑などから情報を得て」，「複数の本や新聞などを活用して」とある。また，中学校の学習指導要領では「生徒が造形的な視点を豊かにもつことができるよう，生徒や学校の実態に応じて，学校図書館等における鑑賞用図書，映像資料等の活用を図ること」等とある。さらに，高等学校の学習指導要領においては，「第3款 各科目にわたる指導計画の作成と内容の取扱い」でも「学校図書館などを目的をもって計画的に利用しその機能の活用を図るようにすること」とある。なお，特別支援学校の学習指導要領では，国語教育において昔話，童謡，絵本を必要としている。

　このように学習指導要領では，学校図書館でさまざまな情報資源が活用できることが前提となっている。では，具体的にどのような情報資源が必要とされるのであろうか。次に，文部科学省が通知した「学校図書

館ガイドライン」を確認し，具体的に見ていこう。

（4）文部科学省通知「学校図書館ガイドライン」

　文部科学省が2016年に公表した「学校図書館の整備充実について（通知）」（平成28年11月28日）の「学校図書館ガイドライン」にある（1）学校図書館の目的・機能では，学校図書館で求められる情報資源について以下を明記している[5]。

〈（5）学校図書館における図書館資料〉

　1　図書館資料の種類

・学校図書館の図書館資料には，図書資料のほか，雑誌，新聞，視聴覚資料（CD，DVD等），電子資料（CD-ROM，ネットワーク情報資源（ネットワークを介して得られる情報コンテンツ）等），ファイル資料，パンフレット，自校独自の資料，模型等の図書以外の資料が含まれる。

・学校は，学校図書館が「読書センター」，「学習センター」，「情報センター」としての機能を発揮できるよう，学校図書館資料について，児童生徒の発達段階等を踏まえ，教育課程の展開に寄与するとともに，児童生徒の健全な教養の育成に資する資料構成と十分な資料規模を備えるよう努めることが望ましい。

・選挙権年齢の引下げ等に伴い，児童生徒が現実社会の諸課題について多面的・多角的に考察し，公正に判断する力等を身につけることが一層重要になっており，このような観点から，児童生徒の発達段階に応じて，新聞を教育に活用するために新聞の複数紙配備に努めることが望ましい。

・小学校英語を含め，とりわけ外国語教育においては特に音声等の教材に，理科等の他の教科においては動画等の教材に学習上の効果が見込

まれることから，教育課程の展開に寄与するデジタル教材を図書館資料として充実するよう努めることが望ましい。
・発達障害を含む障害のある児童生徒や日本語能力に応じた支援を必要とする児童生徒の自立や社会参画に向けた主体的な取組を支援する観点から，児童生徒一人一人の教育的ニーズに応じた様々な形態の図書館資料を充実するよう努めることが望ましい。例えば，点字図書，音

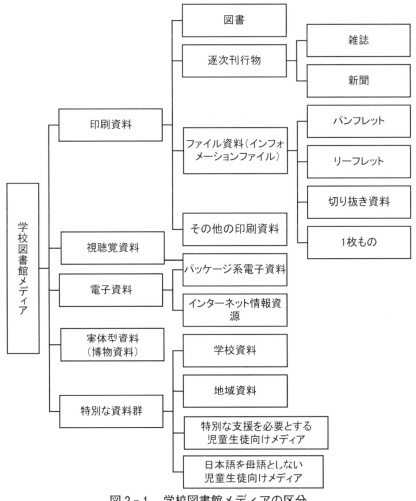

図 2 - 1　学校図書館メディアの区分

声図書，拡大文字図書，LL ブック，マルチメディアデイジー図書，外国語による図書，読書補助具，拡大読書器，電子図書等の整備も有効である。

このように学校図書館では，「読書センター」，「学習センター」，「情報センター」，「教員の教材支援」機能が必要とされ，それらに応えられるような多岐にわたる情報資源の収集や提供が求められているのである[6]。

当印刷教材では，これら情報資源を図2-1のように「印刷資料」，「視聴覚資料」，「電子資料」，「実体型資料（博物資料）」「特別な資料群」と大別し，各種情報資源について本章の次節から第5章で詳述する。

2. 図書

（1）図書の概要

ここからは印刷資料のうち，図書について学習を進める。

『図書館情報学用語辞典（第5版）』では，図書とは，「文字や図表などが記載された紙葉を冊子体に製本した資料。本，書物，書籍，書などともいうが，図書館用語としては，通常，図書が用いられる。現代では，手書きではなく印刷され，装丁され，出版され，さらに相当量のページ数（ユネスコの定義では49ページ以上）を有するものとして捉えられることが多い」と定義づけしている[7]。

取次会社や書店を介して販売される図書の大半には図2-2のように日本図書コードと書籍 JAN コードという2つのコードが付与されている。日本図書コードとは，ISBN（International Standard Book Number の頭文字；国際標準図書番号），分類コード，価格コードで構成されている[8]。ISBN は1タイトルごとに付与されたユニークナンバー

で，このナンバーによって図書の特定を行うことが可能である。図 2-3 は ISBN の構成の仕組みである。

　例えば，米谷茂則・岩崎れい著『読書と豊かな人間性』放送大学教育振興会2020年（図 2-2 参照）には ISBN 978-4-595-32226-6が付与されている。

　978-4：接頭記号-国記号；日本国で出版された図書およびレコード類，595：放送大学教育振興会の出版者記号，32226：放送大学教育振興会による32226番目の図書，6：ISBN が正しく付与されているか確認するためのチェックデジットを表している。

　図書館では ISBN を活用して目録の作成をしたり，図書の検索に用いたりしている。

　分類コードは頭文字C（classification：分類）を先頭に 4 桁の数字で

図 2-2　日本図書コードと書籍 JAN コード

図 2-3　ISBN の構成の仕組み

構成されている。前述の図書であれば，C1300とあるが，「1」が教養，「3」が全集・双書，「00」が総記を表している。

　書籍JANコードは裏表紙やカバー裏に表示されている2段組のコードである。上段の番号はISBN，下段がフラグと分類コード，定価，チェックデジットである。

（2）図書の類型

　図書の種類は形態別，造本別，判型別，内容別に大別することができる。

1）形態別

　単行本，シリーズもの，セットもの，多冊もの等に分類することができる。

　単行本：物理的に単独で刊行される図書であり，基本的には1冊で完結するが，分量が多い場合には，上下巻等の分冊形式（多冊もの）で出版される。

　シリーズもの：分冊刊行された図書それぞれに個別のタイトルがあり，かつグループ全体に共通した総合タイトルを冠している。「文庫」や「新書」，「叢書」，「双書」等がある。

　セットもの：シリーズものと同様に個別のタイトルと総合タイトルを有しているが，ある時点で完結される。例えば，「全集」や「大系」等がある。

　多冊もの：単行本としては分量が多いため，分冊形式で刊行される図書。個別のタイトルがなく，上下巻や個人全集等が該当する。

　なお，雑誌連載マンガの単行本形式での出版物は，出版サイクルが決まっているため，流通上は「雑誌」扱いとされている。

2）造本別

　造本別には，ハードカバーとソフトカバー（ペーパーバック）に分類することができる。

　ハードカバー：上製本とも言う。糸綴じされ，硬いボール紙を上質紙等に包んだ表紙を用いた図書。表紙は分厚く，カバーは図書本体よりも大きく作られている。長期保存に向く。

　ソフトカバー（ペーパーバック）：並製本とも言う。接着剤や針金，糸などで簡易に綴じられている。本体とカバーは同じ大きさである。ハードカバーより軽量である。また，ハードカバーと比較すると価格は安い。

　なお，単行本はハードカバーとして刊行され，サイズがB6判（128×182ミリ）や四六判（128×188ミリ）であるのに対し，文庫本はA6判（105×148ミリ）というように小さく，ソフトカバーである。文庫本は単行本として刊行された後，人気のある作品を中心としてさらに普及されるために一定の期間を経た後に発売される場合が多い。単行本の内容から加筆されることもあり，著者や第三者による解説等が付されることもある。

　学校図書館では，予算や書架スペースの都合，児童生徒の利用状況等を踏まえ，文庫本の購入も積極的に行いたい。

3）判型別

　紙の寸法にはA判，B判の規格がある。図書には規格判と規格外のものがある。ここでは，いくつかの判型を例示する。

- ・A6判：105×148ミリ。文庫等。
- ・A5判：148×210ミリ。文芸書や教科書等。
- ・A4判：210×297ミリ。官公庁資料等。
- ・B6判：128×182ミリ。単行本等。
- ・B5判：182×257ミリ。週刊誌等。

・新書判：103×182ミリ。新書や漫画等。
・Ａ４判より大きい図書で通常の図書と同じように配架するのが難しい図書を大型本という。
・ハガキの半分以下のサイズの本を豆本という。

４）内容別

　図書は一般図書と参考図書（レファレンスブック）に大別することができる。ここでは，学校図書館の収集対象となる図書を内容別に取り上げる。

① 一般図書

　絵本：絵と文章，ないしは絵のみで構成される図書。文章は絵を補助する役割となる。乳幼児向きから大人向きまでさまざまなテーマが存在する。内容は昔話絵本，物語絵本，知識絵本等がある。形式では，写真絵本，点字絵本等がある。外国語絵本は言語学習のためにも役立つ。

　童話：言葉を用いて語り継がれてきたお話。絵が補助的に用いられることもある。内容は，伝説，神話，寓話，民話，創作物語等の種類がある。

　詩歌：文学様式の一種。「自然や人事などから受ける感興・感動を，リズムをもつ言語形式で表現したもの」[9]とされる。和歌，俳句，短歌，童謡等がある。

　物語・小説：ファンタジーとリアリズムという２種類に大別される。ヤングアダルト（主に小学校高学年〜高校生）向けの物語・小説もある。

　ノンフィクション：歴史上の事実や伝記，手記，知識や科学等を基にし，読み物にした作品。

　知識の本：人間の知識について，事実や情報を伝える図書。

　実用書：スポーツ，ゲーム，料理，手芸，工作，などが楽しめる図書や楽譜集[10]がある。クラブ活動に役立つ図書も多数ある。

　進路選択の本：進路選択やキャリアデザインのための図書。

　漫画本：連続した絵とセリフ等により，物語の展開が動的に描写された図書。古典や歴史，伝記，理科，地理等の主題を扱った学習漫画とよばれるジャンルもある。

　LL ブック：平易な文章や写真，ピクトグラム等を用いてやさしく読みやすくした図書。出版点数は少ないが LL 漫画もある。知的障害のある児童生徒，日本語を母語としない児童生徒への提供が求められる（5章で詳述する）。

　専門書：専門的な学習を行う生徒や教職員向けの研究資料。

②　**参考図書**（レファレンスブック）

　辞典（辞書）：文字や語を集めて一定の順に配列し，その読み方・語義・語源・用法などを解説したもの。事典と区別するために「ことばてん」と呼ぶこともある。印刷資料以外の形態で発行されるものもあり，例えば国語辞典の一種である『広辞苑』（岩波書店）は2018（平成26）年発行の第7版から印刷資料，DVD-ROM に加えて，モバイル版も発売されている。また『日本国語大辞典』（小学館）や『大辞林』（三省堂）等はデータベースにも収録されている。ただし印刷資料が基本であることに変わりはなく，児童生徒にはまず，印刷資料の辞典の使用に慣れるよう指導したい。見出し語の配列法や語義の順などは，凡例や使用法と称したページに解説されている。

　事典：事物や事項などの事柄について解説したもの。語義に加えて，起源や来歴，種類・類別，内容・特徴，機能・用途などを解説しており，写真や図版が添えられていることも少なくない。「ことてん」と呼ぶこともある。

　このうち，百科事典は知識の全分野にわたって収集・選択した事柄を見出しとして解説をしたもので，30冊を超えるものもある。大部のもの

は索引だけの巻が用意されている。見出し語の対象範囲を大きくした大項目主義で編集されたものと，小項目主義のものがある。いずれも，見出しとなっていなくても解説されている事柄があるため，まず索引を引くことで，目的とする事柄の解説にたどりつきやすくなる（特に大項目主義の百科事典では見出しとなっている語が少ないため索引の使用は必須である）。児童生徒向けとしてポプラ社の『ポプラディア』第三版（全18巻）がある。

地図帳：地図帳は地図や図版等が図書の形態でまとめられており，一般図，主題図（地質図，海図，道路図）等がある。一枚図，折り図，かけ地図等は非図書資料として区分される。

年鑑：年鑑とは，特定の分野等の一年間の展望や調査結果，統計，解説などが収録されている。年鑑は同一のタイトルの下で巻次を追って継続的に刊行される逐次刊行物の一種とされるが，図書館の蔵書では図書として扱うことが多い。

年表：歴史上の事実，事件等を年代順に並べた表を編集したもの。

白書：政府が公表する公式文書。行政の現状や展望等を示している。白書は逐次刊行物の一種とされるが，図書館の蔵書では図書として区分することが多い。

図鑑：絵や写真，文字を用いて視覚的に理解できるよう各種事物を解説した図書。

書誌：図書を調べるための書誌事項（タイトル，著者名，出版地，出版者，出版年，ページ数等）をまとめたもの。全国書誌，主題別書誌等がある。

索引：特定の情報を探すために，その情報を示す語句または記号等を取り出して，一定の順序に並べて，その情報の所在（文献の書誌的事項など）を示した図書。

　目録：図書館（群）が所蔵する情報資源をタイトル，著者名等を一定の順序で配列して検索できるように作成された情報を指す。書誌と同一意味で用いられることもあるが，厳密には，書誌に加えて所蔵情報が含まれているものをいう。

　参考図書は，情報を調べるための手段（目次や索引など）が適切に用意されているかどうかが，選択時のチェックポイントの1つとなる。加えて，事典などは執筆者がその主題領域の専門家であること，言葉遣いや表記，文章が年齢層に合っていること，写真や図版が充実していること，造本が堅牢で使いやすいことも重要なポイントである。なお，購入に当たっては，改訂版が出版されれば買い換えること，年度版のものは継続購入することに留意する。国語辞典，漢字辞典，英和辞典や図鑑などは，出版社やシリーズごとにそれぞれの編集方針が異なるので，それぞれ複数種用意するようにする。

（3）図書の構造と構成について
　図書の構造と各部名称について確認をしていこう。
1）構造
　図書は図2-4のような構造である。
・天：図書を立てたときに上に見える部分。
・地：図書を立てたときに下にくる部分。
・表紙：図書の中身を保護するためのもの。開き始める側の表紙を「表表紙」，反対側を「裏表紙」と呼ぶ。
・背：図書を束ねている部分で図書の背中。背表紙には，図書のタイトルや著者名出版者名等が記されている（背文字）。
・ブックカバー：表紙にかけられている紙。ブックジャケットともいう。汚損防止の他に人目を引くためにデザイン等の工夫がなされている。

図書のタイトルや著者名等が記されている。

・帯：カバーの上に巻かれた紙。図書の宣伝のために，紹介文や推薦文などが記されている。

・そで：カバーや帯をかけるときに表紙の内側に折り込む部分。

・かど：表紙の隅の2つの小口が交わる部分。

・ちり：上製本の図書の中身を保護するために，表紙は本体よりも一回り大きく作られている。本体からはみだした表紙部分をちりと呼ぶ。

・花ぎれ：上製本の中身の背の上下に付いている布。

・前小口：背の反対側で図書を開く側。小口ともいう。

・のど：図書を開いたときの綴じ目の側。開きの悪い図書では特に読みにくいため，本文では余白になっている。

・見返し：表紙と本体とを接着するために用いられている紙。表紙側でない方を遊び，遊び紙と呼ぶ。

・しおりひも：スピンやブックマーク，ブックマーカーとも呼ばれる。

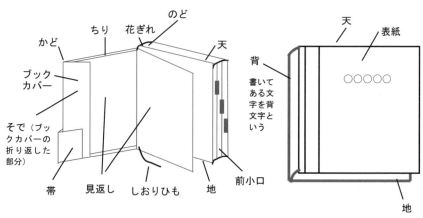

図2-4　洋装本　各部の名称

2）構成

　図書は基本的に前付け（標題紙，前書き，目次），本文，後付け（あとがき，解説，索引，奥付）等で構成されている。

・標題紙：図書の本文よりも前にあり，タイトルや著者名等が記されている部分。タイトルページ，扉ともいう。

・前書き：本文に入る前の書き添え。はしがき，序文・序ともいう。

・目次：図書の章や節等の見出しと，そのページの始まりを，順番に記した一覧。

・本文：図書の中身。

・注（脚注，章注，巻末注）：本文で述べたことを補足する事柄が書かれている。各ページの下に入れられたものを脚注，各章の末尾に入れられたものを章注，本文の注をまとめて最後に入れたものを巻末注という。

・解説：本文とは別に付された補足事項や出典紹介等。

・あとがき：本文の終わりに書き添えられた文章。

・索引：本文の語句等がどこに記されているかを探し出せるように，語句等を五十音順やアルファベット順に配列してその所在（ページ等）を記した一覧。

・奥付：図書のタイトルや著者名，版次，出版者名，出版年月日等の書誌的事項が記されている。

・柱：そのページが該当する章や節等のタイトルが記されている。

・つめ：本文の内容を探しやすくするために前小口側に付けた見出し。

・写真・図版・表：本文に記された写真や図，表。本文を理解しやすくするために付されている。

・キャプション：写真や図版，表に添えられた説明。

・ノンブル：ページの番号。

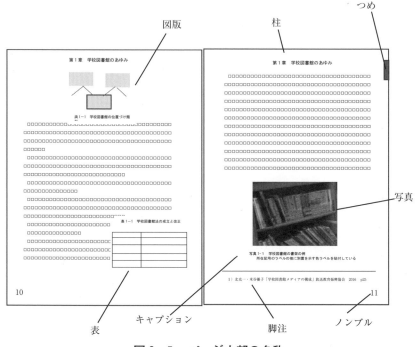

つめ

図版　　　　　　　　　柱

写真

表　　　キャプション　　　脚注　　　ノンブル

図2-5　ページ内部の名称

（4）図書選択等に関する情報源

　国内では，１年間で約７万点の新刊図書が発行されており，内容も多岐に渡る。この中から学校教育，学校図書館で活用する図書を見極めていかなくてはならない。ここでは，学校図書館で活用できる図書や情報誌，図書リスト，ウェブサイト等を紹介する。

１）児童・生徒向け

　児童や生徒を対象とした図書や情報誌，図書リスト，ウェブサイト等を紹介する。

・『学校図書館　速報版』全国学校図書館協議会：月 2 回刊行。全国学校図書館協議会による選定図書リストや選定図書の紹介などがなされている。「全国学校図書館協議会図書選定基準」に基づいた選定となっている。『学校図書館　速報版』には 1 年に 1 回「夏休みの本（緑陰図書）」として，40冊の選定も掲載している。

・『こどもの本』日本児童図書出版協会：月刊誌。日本児童図書出版協会に加盟する43社が発行する毎月の新刊児童資料を表紙の写真付きで内容解説をする。

・『YA 朝の読書ブックガイド』YA 出版会：YA 出版会のウェブサイト http://www.young-adult.net/ よりダウンロードできる。

・『Web 版ヤングアダルト YA！YA！YA！』大阪府立中央図書館 https://www.library.pref.osaka.jp/cgi-bin/benriyan/display_yayaya. cgi：エッセイ・作品集・詩，外国の小説日本の小説，知識趣味・スポーツ進路・仕事，学校生活・生き方絵本，CD，ビデオ・DVD から検索することも可能。

・「これも学習まんがだ！」https://gakushumanga.jp/：書評も記載されている。

　他にも各自治体の公立図書館では児童・生徒向きの図書リストを提供している場合もあるので，参考になる（第 8 章 4 （ 2 ）参照）。

2）一般資料

　一般的な新刊図書の選択に役立つ情報誌，図書リストとしては，『ウィークリー出版情報』（日本図書サービス），『新刊ニュース』（トーハン），『週刊新刊全点案内』（図書館流通センター）『これから出る本』（日本書籍出版協会），『BOOKPAGE 本の年鑑』（日外アソシエーツ），『アクセス』（地方・小出版流通センター）等がある。

　他にも出版社のウェブサイトや出版社の出版案内，オンライン書店の

情報にも出版情報等の有益な情報が掲載されているので，確認された
い。

3）書評誌・絵本や一般書等に関する情報誌とウェブサイト

　図書の選択の際に，書評を読み，購入の判断をすることもある。多く
の新聞や雑誌にも書評が掲載されているので，参考にされたい。

注・参考文献

1　学校教育法昭和22年３月31日　法律第26号（令和２年４月１日施行）

2　学校図書館法（昭和二十八年法律第百八十五号）施行日：平成二十八年四月一
　日（平成二十七年法律第四十六号による改正）

3　文部科学省「２．新しい学習指導要領等が目指す姿」https://www.mext.go.jp/
　b_menu/shingi/chukyo/chukyo3/siryo/attach/1364316.htm（確認2020.12.13）

4　小学校学習指導要領（平成29年告示）https://www.mext.go.jp/component/a_
　menu/education/micro_detail/__icsFiles/afieldfile/2018/09/05/1384661_4_3_2.
　pdf（確認2020.12.13）

5　文部科学省「学校図書館ガイドライン」https://www.mext.go.jp/a_menu/
　shotou/dokusho/link/1380599.htm（確認2020.12.13）

6　堀川照代『「学校図書館ガイドライン」活用ハンドブック　解説編』悠光堂，
　2018.
　堀川照代『「学校図書館ガイドライン」活用ハンドブック実践編』悠光堂，
　2019.

7　日本図書館情報学会用語辞典編集委員会編『図書館情報学用語辞典　第５版』
　丸善出版，2020，p.174

8　日本出版インフラセンター「ISBN コード　資料集」https://isbn.jpo.or.jp/
　index.php/fix__about/fix__about_4/（確認2020.12.13）

9　『デジタル大辞泉』小学館

10　楽譜集の目録作成については，すべての楽曲が目録で検索できるようにしなく

てはならない。また，楽譜は国際標準楽譜番号（ISMN）により出版社や楽譜，
版等を識別する管理を行っている。

3 | 学校図書館メディアの種類と特性2

川瀬綾子

《目標＆ポイント》 学校図書館では，2章で取り上げた図書以外にも有益適切な情報資源の収集が必須となる。この章では逐次刊行物やファイル資料，視聴覚資料，実体型資料に注目し，解説する。
《キーワード》 逐次刊行物，雑誌，新聞，ファイル資料（インフォメーションファイル），視聴覚資料，実体型資料（博物資料）

1. 逐次刊行物

　逐次刊行物とは，一般に同一タイトルのもと，巻次，年月次を追って個々の部分（巻号）が継続して刊行される情報資源のことを指す。図書よりも速報性が高く，図書を補助する重要な情報資源である。逐次刊行物には，雑誌や新聞等が含まれる。

　逐次刊行物は，決まった刊行頻度があるものを定期刊行物と呼び，決まっていないものを不定期刊行物と呼ぶ。定期刊行物には，日刊，週刊，旬刊，隔週刊，半月刊，月刊，隔月刊，季刊，半年刊，年刊，隔年刊といった種類がある。

（1）雑誌の概要

　雑誌とは，定期刊行物の一種であり，同一タイトルのもとに一定に間隔をおいて，終期を予定せずに継続して刊行される。雑誌の内容は異なる筆者のさまざまな主題に関する記事で構成されている。個々の掲載された記事の内容は，図書と比較すると分量は多くないが，最新のテーマ

が深く展開されている。

　雑誌は一般誌，学術雑誌（学会誌・紀要），官公庁誌，企業誌，団体・協会誌，同人誌といった種類がある。漫画雑誌は一般的に収集対象としていない。

　雑誌には，商品流通の円滑化を図るために，タイトルごとに付与された5桁の雑誌コードや，国際的な識別番号として国立国会図書館が管理しているISSN（International Standard Serial Number ＝国際標準逐次刊行物番号）という8桁の誌名識別コードが付与されている[1]。図書館では，ISSNを検索キーとして書誌データを作成したり，OPAC等で雑誌を探すこともある。なお，雑誌によっては雑誌コード，ISSNの片方のみ付与されていたり，どちらも付与されていない場合もある。

　児童生徒向けの雑誌としては，『子供の科学』（成文堂新光社），『月刊ニュースがわかる』（毎日新聞社），『月刊ジュニアエラ』（朝日新聞社），『小学8年生』（小学館），『たくさんのふしぎ』（福音館書店）等が出版されている。

（2）雑誌の整理と提供

　雑誌は雑誌専用に雑誌架を用意し，図書書架とは別とする。新刊は表紙を見えるように配架する。付録は外すか，当該雑誌にポケットを付けてその中に収めるなどする。過去の発行分（バックナンバー）のうち，最近のものは雑誌架の後ろの棚や下の書架に入れて利用に供し，入りきらない分は書庫で保存する。雑誌の保存期間は概ね1～3年とされ，その後移譲・廃棄の対象とされることが多い。学術的な雑誌も多く，探究的な学習等で活用するのであれば，保存期間を延長したり，必要に応じて合冊して図書として受入し直したりする。また，バックナンバーは基本的に図書と同じ要領で貸出を行う。記事内容が探究的な学習で使えそうな雑誌は，あらかじめタイトルごとに目次ページをコピーしてファイ

リングしておくと，調べものに役立つ。

（3）雑誌に関する情報源

　一般雑誌に関する情報は各出版社のウェブサイトに，バックナンバーを含めた情報を確認することができる。その他には以下がある。

・日本雑誌協会（JMPA）https://www.j-magazine.or.jp/：加盟社の雑誌タイトル一覧が掲載されている。

・『雑誌のもくろく』日本出版販売：年刊誌。雑誌の内容解説が掲載されている。

　学術雑誌に関する情報は例えば日本学術会議のウェブサイトに「関連機関・団体リンク集　日本学術会議協力学術研究団体一覧」があるので，団体のリンクから調査することができる[2]。

（4）新聞の概要

　新聞とは，新しい情報を特定または不特定多数の人々に伝達することを目的にした定期刊行物である。同一のタイトルのもとに，綴じずに継続刊行される。形態にはブランケット判（546×406.5ミリ）とタブロイド判（406.5×273ミリ）がある。刊行頻度は日刊（朝刊・夕刊）が多いが，週刊などもある。一般紙と専門紙・機関紙に区分される。

　一般紙には，全国紙（全国に販路がある。朝日，読売，毎日，産経，日本経済の5紙），ブロック紙（数県，一地方の大部分に販路をもつ。北海道，中日，東京，西日本の4紙），県紙（ほぼ一県単位の販路をもつ。滋賀県にはない），ローカル紙（市町村程度の範囲で発行）がある。専門紙・機関紙は特定の領域・業界や問題を扱うものであり，例えば『日本農業新聞』や『日本教育新聞』等がある。この他には，フリーペーパーといった地域情報を扱うものもある。なお，過去1か月分の新聞紙面をまとめて目次・索引を付した縮刷版も，月ごとに別途販売されている。全国紙の縮刷版は，東京版の最終発行版が収録の対象となるので注意が

必要となる。また，新聞の記事をデータベース化したものが各社が用意している新聞データベースであり，利用には契約が必要となる。無料で閲覧できる新聞社のウェブサイトとは内容が異なる。

　一般紙は，同じ事件・出来事であっても書き方と扱いが新聞社によって異なるので，学校図書館においては異なる新聞社の複数紙を用意し，読み比べられるようにしておかなくてはならない[3]。

　児童生徒用の新聞には，『朝日小学生新聞』，『読売 KODOMO 新聞』，『毎日こども新聞』，『朝日中高生新聞』，『読売中高生新聞』などがある。高等学校の学校図書館では一般紙の他，英字新聞や専門紙の購入も検討したい。

図3-1　学校図書館の掲示板（写真：学校図書館（豊中市）提供）

　この他にも，ニホンミックによる新聞切り抜き集である『切り抜き速報』や『読み比べ』は探究的な学習等にも役立つ。

（5）新聞の整理と提供

　新聞は新聞架や新聞差し，新聞収納棚，ハンギングホルダー等を用意し，1週間分はすぐに目を通せるようにしておく。過去のものは新聞社ごとに日付順に並べ，書庫等に保管しておき要求に応じて提供できるようにしておく。新聞は基本的に消耗品として扱い，1年を目途に廃棄する。なお，必要な記事があれば切り抜いて保存する。

　学校図書館では，新聞を活用する「NIE」（Newspaper in Education）にも対応できるようにしておく。図3-1は豊中市（大阪府）の学校図書館の掲示板である。新聞を掲示し，閲覧を促している。

2. ファイル資料（インフォメーションファイル）

　ファイル資料は『図書館情報学用語辞典（第5版）』では，「図書館資料の中で，散逸しやすいパンフレット，リーフレット，一枚ものの切抜資料を始め，一枚ものの地図，写真，図表，絵葉書などを一定の体系に従って分類し，フォルダーに入れたり，バインダーにとじ込んだりしたもの」と定義されている[4]。ファイル資料として収集するパンフレットやリーフレット等には図書や雑誌等にも掲載されていない有益な情報，速報性の高い情報が多数あることから，レファレンスサービスの資料としても大いに活躍することがある。そこで，図書館では，ファイル資料をインフォメーションファイルと呼ぶことがある。

　学校図書館では，図書や逐次刊行物以外にもこのようなファイル資料を整備し，児童生徒の学習や教員の授業用教材等として役立てる必要がある。ここでは，ファイル資料とはどういったものか，どのように収集や整理，保存するのか確認しよう。

（1）ファイル資料の概要

　リーフレット・パンフレット，切抜資料（クリッピング資料，スクラップ），一枚ものの地図，写真，絵葉書，ちらし，一枚ものの楽譜について確認をしてみよう。

1）リーフレット・パンフレット

　リーフレットとは，1枚で印刷された用紙で，2つ折りや3つ折り等にして折りたたんだ印刷物である。

　パンフレットは，小冊子ともいわれる。ユネスコでは，表紙を除き5ページ以上48ページ以下の印刷された非定期刊行物と定義付けしている。パンフレットは数ページから数十ページと比較的分量が少なく，簡易的に綴じられている。

　官公庁や公的機関や法人，政党，観光局，公立図書館や博物館，美術館といった公的施設等が作成したリーフレットやパンフレットは学校教育で役立つものがたくさんある。どういった際にリーフレットやパンフレットが活用できるのか，一例を挙げる。

① 　地域学習の際には，地域の情報が欠かせない。地域学習では，地域の歴史，地理，産業，商業，風俗・伝承，著名な出身者，伝統芸能，スポーツ等，多くの主題が考えられる。学校教育の方針と地域の特徴に対応した地域情報の地道な収集が求められる。

② 　修学旅行や校外学習の事前学習には，現地の新鮮な情報が必要となる。現地の役所や観光局等にリーフレットやパンフレットの寄贈を依頼し，収集を行う。

③ 　選挙権年齢の引下げ等に伴い，児童生徒の主権者教育が学校教育でも必要とされている。政党のリーフレットやパンフレットは，それぞれの政党がどういった考えのもとに活動をしているのかを知る資料となる。政党によっては児童向けのリーフレットやパンフレットを制作

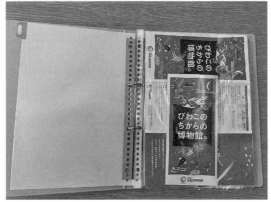

図3-2　リーフレット・パンフレット収集事例
（写真：学校図書館（豊中市）提供）

　していることもあるので小学校でも活用が可能である。政党への寄贈を依頼し，収集を心掛けたい。なお，主権者教育の教材では学校教育の方針に対応した教育指針との整合性に配慮したい。

　リーフレットやパンフレットは寄贈等で学校に届けられる場合もあるが，積極的に近隣の役所，公文書館，商工会議所，産業館，美術館，博物館，公立図書館等に出向かなければ入手しにくい場合もある。アンテ

ナを張り巡らし，入手を心掛けたい。

　また，最近ではリーフレットやパンフレットの配布を止めオンライン版のみとしている場合もあるので，各団体のウェブサイトへアクセスしてみるとよい。

　なお，リーフレットやパンフレットは情報の寿命が短く，こまめに点検して新しい情報に更新していく必要がある。

　この他にも，学校図書館独自のリーフレットとして，パスファインダーの作成を行うとよい。パスファインダーとは，ある特定の主題を調べるのに役立つ，自館が所蔵する情報資源を紹介したものである。調べ学習等において，児童生徒が効率的に情報資源へアクセスするための道しるべとなる。

　パスファインダーの作成においては，図書だけでなく，雑誌，新聞，ファイル資料，インターネット情報資源，さらに公立図書館や博物館等

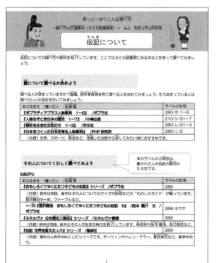

図3-3　福岡県立図書館こどもとしょかん「伝記（でんき）」パスファインダー
https://www.lib.pref.fukuoka.jp/hp/kodomo/pathfinder/data/03denki.pdf
（確認2021.7.14）

の外部機関の紹介をし，さまざまな情報資源の存在を示す必要がある。例えば，石狩管内高等学校図書館司書業務担当者研究会著『パスファインダーを作ろう―情報を探す道しるべ』（全国学校図書館協議会，2005）や，私立大学図書館協会東地区部会企画広報研究分科会による「パスファインダーバンク」では，パスファインダーの作成方法等が案内されている。後者は大学図書館向けではあるが，学校図書館でのパスファインダーの作成にも役立つ[5]。

　また，公立図書館では，児童生徒向けのさまざまな主題のパスファインダーを作成し，配布およびインターネットで一般公開しているところもあるので，参考にしながら作成するとよい。図3-3は福岡県立図書館こどもとしょかんの「伝記」パスファインダーである[6]。

２）切抜資料（クリッピング資料，スクラップ）

　切抜資料はクリッピング資料やスクラップとも呼ばれる。保存期間が超過した図書や雑誌，新聞，リーフレット，パンフレット等に学習や教材等で活用できるような情報や郷土に関する記事，児童生徒が興味関心を持つような情報等があった場合，保存期間に配慮した後，必要個所を切り抜いて整理し，保存，提供する。他にもインターネット情報資源から有益で適切なものをプリントアウトし，クリッピングするとよい。

３）一枚ものの地図，写真，絵葉書，ちらし，一枚ものの楽譜

①　地図には，図書として扱う地図帳のほか，一枚ものの地図があり，このうち1枚のシート状のものや，折り畳みが可能なものがファイル資料の対象となる。一枚ものの地図は特定のテーマに限定されない一般図と主題図に区分される。主題図には，海図や道路図，植生図，火山図，活断層図，湖沼図等がある。また，古地図や天体図といった地図もある。どのような地図が必要となるのか，社会科や地理歴史科教員等と相談の上，収集にあたりたい。また，修学旅行先の地図も収集

しておくと事前学習や企画展示にも役立つ。

② 　写真や絵葉書は風景や風俗，人物等が記録されており，美術の教材として以外にも，地域資料（郷土資料）や歴史資料としても役立つ。写真や絵葉書の収集は他の教職員等にも依頼し，収集を心掛けたい。

③ 　ちらしは，1枚の紙に片面もしくは両面に情報を記したものである。博物館や美術館，図書館の案内・展示企画紹介や，映画，企業の紹介であったりと，その内容は多岐に渡る。これらのちらしも学校図書館での企画展示や探究的な学習等でも役立つ。

④ 　楽譜は，1曲ごとに提供される一枚ものの楽譜と複数の作品が収められている楽譜集がある。音楽の授業用以外にも，クラブ活動にも供される。

（2）ファイル資料の整理・保存・提供・更新

　ファイル資料は一枚ものの紙切れやページ数が少なく薄い資料が大半であり，破損，散逸しやすく，書架にそのままで配架・保存するには不向きである。また，利用者にはすぐにどのような情報があるのかわかるように，配架には何らかの工夫が必要となる。

　そこで，収集したファイル資料はテーマ別に分類し，整理することから始める。

　リーフレットやパンフレットは，クリアファイルやクリアポケットに入れて配架すると利用しやすい。

　図3-4は豊中市立学校図書館が所蔵しているリーフレットやパンフレットである。レール式クリアホルダーにパンフレットを挟み，レール部分にパンフレットのタイトル，分類記号を貼付している。そして，パンフレット裏面にメディア管理番号のバーコードを貼付，蔵書印を押印している。パンフレットにバーコードを貼付すると本文が読めなくなる場合は，レール式クリアホルダーにバーコードを貼付している。

図 3−4　リーフレット・パンフレット整理事例
（写真：学校図書館（豊中市）提供）

　切抜資料は大きさを統一した台紙を用意し，そこに貼付する。台紙からはみ出る大きさの記事は分割し，分割したことがわかるように記録する。そして，出典を明記し，記事や情報の主題の見出しを記載する。

　例えば，新聞の切抜の場合は，新聞紙名，朝夕刊等の別，日付，ページ（面）を記載し忘れないようにする（図 3−5）。

　なお，切り抜いた資料をコピーし，保存するのは著作権者へ許諾が必要となるので注意が必要である。

　写真や絵葉書，ちらしは主題ごとに分類し，クリアポケットやクリアファイルに封入する。封入した資料を探しやすくするためにインデックスを貼付し，見出しを記して管理する。そして，ファイルの表面や側面には主題を記しておく。

　一枚ものの地図や一枚ものの楽譜は，専用の収納ケースに収納し，保管する。保管された資料名は収納ケースに記しておく。

図3−5　新聞記事の切抜

　ファイリングしたファイル資料は別置し，コーナーを設ける。また，地域資料として活用するファイル資料は地域資料コーナーに配架することも検討する。

　なお，学校図書館のスペースや利用状況を考慮して，図書と同じ書架に配架する場合もある。

　ファイル資料の構築は時間を要するが，積極的に収集し，児童生徒および教員に提供できるように，またレファレンスサービスやレフェラルサービス（専門家や外部機関の紹介）に役立つようにしておく必要がある。

3. その他印刷資料

① 紙芝居

　紙芝居は，一般的には数枚から数十枚の厚紙の表面に絵が描かれ，裏面に文が書かれた日本独自の資料である。

　戦前戦後には，街頭紙芝居として路地や公園等で菓子の販売と共に公演され，子どもたちの娯楽であった。戦中においては，戦意高揚のための国策紙芝居が演じられていた。

　現在出版されている紙芝居は，低学年向きの読書材の1つとして用いられるような内容から，安全教育，健康教育用，バリアフリーを主題にしたもの等，さまざまなテーマがある。

　紙芝居の選書ツールとしては，『紙芝居・ビッグブックカタログ』（図書館流通センター，年1回発行）や出版社のウェブサイトが役立つ。

　紙芝居を演じるには，紙芝居舞台も必要となるので，あわせて購入し，用意をしておく。紙芝居は別置し，タイトル順や主題ごとに配架しておく。

　予算の都合上，購入が困難な場合は，公立図書館での貸出を利用する。

② ポスター

　ポスターは，掲示されることを目的として制作された資料である。読書推進，NDC分類表，少年写真新聞社による写真ニュース，映画，企業のポスター等さまざまな種類がある。ポスターは学校図書館内での企画展示等でも役立つ。

　掲示が終わったポスターは，必要があればクリアファイルや封筒に封入し保存し，見出しを記入しておく。また切抜資料としても活用できないか検討をする。

③　掛け図

　掛け図は，地図や標本の絵・図などを1枚の掛け軸のようにしたもので，教室での授業用に，副教材として販売されている。教員室や教科準備室に保存されていることが多いが，教科等横断的な学習，探究的な学習のために用いることができるように，学校図書館で目録管理の対象とし，一元的に管理をしておくとよい。

4.　視聴覚資料

　学校図書館では，先に取り上げた印刷資料以外にも非印刷資料として画像，映像，音声等を記録した視聴覚資料の収集も必要となる。学校図書館法第二条には「視覚聴覚教育の資料」の必要性が明記されており，文部科学省発表の「学校図書館ガイドライン」では，学校図書館で収集すべき資料として，「視聴覚資料（CD，DVD等）」を取り上げ，「小学校英語を含め，とりわけ外国語教育においては特に音声等の教材に，理科等の他の教科においては動画等の教材に学習上の効果が見込まれることから，教育課程の展開に寄与するデジタル教材を図書館資料として充実するよう努める」と明記している[7]。

（1）視聴覚資料の概要

　視聴覚資料は，AV（Audio Visual）資料とも呼ばれる。画像，音声，映像コンテンツが収められ，視覚や聴覚によって情報を受け取ることができる。視聴覚資料の利用には，それぞれの記録媒体に適した再生機器を要する。

　視聴覚資料は文字だけでは理解が難しい情報を視覚・聴覚的に把握することが可能となり，関心を喚起し，印象に残りやすいとされる。

　従前は，レコード，カセットテープ，ビデオテープなど，それぞれ専用の再生機器を要する視聴覚資料が用いられ，学校図書館メディアの1

つとしてその収集対象となっていた。しかし、「画像、映像、音声」の記録媒体として現在では、CD, DVD, Blu-ray Disc 等のパッケージ系電子資料、さらにインターネットを介したネットワーク情報資源が広く用いられている。ここでは、視聴覚資料として、CD, DVD, Blu-ray Disc 等のパッケージ系電子資料を中心に取り上げることとする。なお、近年増加している、ネットワーク情報資源は電子資料として第4章で扱う。

　以下、パッケージ系電子資料の画像（静止画）、映像、音声資料の特性等を確認しよう。

① 画像（静止画）資料

　画像資料は静止画資料ともいう。再生装置を必要とする画像資料には、スライド、OHP シートと呼ばれるオーバーヘッドプロジェクターを用いて投影するものがある。ただし、これらは現在では、コンピュータのプレゼンテーションソフトに引き継がれている。他には、マイクロフィルムやマイクロフィッシュがある。マイクロフィルムやマイクロフィッシュは、図書や雑誌、新聞等の文字や図画を縮小してフィルムに記録したものである。ただし、学校図書館で収集されていることはまれであり、さらに現在では電子化が進んでいる。なお、紙芝居や写真、絵葉書等の再生装置を必要としない資料も含めて画像資料と呼ばれることもある。

② 映像資料

　映像資料には、映画やドキュメンタリー映像、ドラマを収めて市販したもの、非売品、図書や雑誌の付録、児童生徒・教職員が制作した録画記録等がある。

③ 音声資料

　音声資料は録音資料とも呼ばれる。音声資料の内容は音楽、語学等の学習、さまざまな音を録音したもの、学校独自の資料としては合唱コン

クール等の記録がある。

　市販品の映像資料や音声資料は，各教科で教材とする学習用や，語学の学習に役立つもの，クラブ活動の参考になるもの，レクリエーション用等も積極的に収集しておきたい。

　市販の DVD や Blu-ray Disc に記録された映像資料や CD に記録された音声資料は，映像資料コーナー，音声資料コーナーを設けて図書等とは別に置く。なお，紛失等に考慮する場合は，ディスクを抜いてカウンターや書庫で管理し，パッケージのみ開架して出納依頼で対応する。

　音声資料の館外貸出や鑑賞会は著作権法により可能である。一方，映像資料の館外貸出は認められていないので注意が必要となる。図書や雑誌等の付録として音声や映像資料がある場合も同様である。

　学校図書館での貸出をあらかじめ許諾している映像資料，学校が著作権者に貸出の許諾を得た映像資料のほか，「著作権補償金処理済」の映像資料を購入すれば，館外貸出も可能である。学校図書館での映像資料の上映は無償非営利であれば基本的に自由に行うことが認められているが，館外貸出を認めていても映写会を認めていない場合もある。購入時には条件を確認して検討する必要がある。

（2）視聴覚資料に関する情報源

　視聴覚資料の収集に活用できる情報源として，以下がある。なお，一部は市販されていないものもあるので，公立図書館等の協力を仰ぐとよい。

　・音楽関係

『レコード芸術』音楽之友社：月刊誌

『CD Journal』音楽出版社：季刊誌。なお，ウェブサイトにも有益な情報が掲載されている。https://www.cdjournal.com/main/top/

　・映像関係

『映画年鑑』時事映画通信社：年刊

『視聴覚教育時報』：電子版での配信のみ月刊　http://www.zenshi.jp/pub.html

『学校向け教材＆図書館用ソフトウェアカタログ』日教販：年刊誌

『新着AV』図書館流通センター：年4回刊行

『著作権承認済　TRC映像資料目録』図書館流通センター：年1回刊行

5. 実体型資料（博物資料）

　次に，実体型資料について学習を進める。実体型資料は博物資料とも呼ばれる。実体型資料とは，標本や模型，地球儀，天球儀，美術品，工芸品，児童生徒の学習成果物等である。例えば，絵画であれば，複製絵画の収集も考えられる。

　実体型資料は鑑賞だけでなく，教材としても活用が可能である。教科書等で学習した事物が実際はどのようなものなのか，展示を観たり，手に取ってみたりすることによって理解がより深まることもある。

　学校では実体型資料はそれぞれ関連の深い科目の準備室等に保管されることが多い。ただ，1つの実体型資料が複数の科目で活用できる可能性もあるため，学校図書館で一元的に管理しておくほうが望ましい。

　実体型資料はどのようなものが必要となるか，学校図書館メディア選択委員会で諮り，予算や収蔵場所等にも考慮して購入を検討する。

　購入した実体型資料は目録を作成し，実物は展示ケースや準備室等で管理をする。

　なお，博物館等では一部資料を事前予約の上で貸出してくれる場合もあるので，確認をしてみるとよい。

●読書案内

石狩管内高等学校図書館司書業務担当者研究会著『パスファインダーを
　作ろう―情報を探す道しるべ』（学校図書館入門シリーズ（12）），全
　国学校図書館協議会，2005.

蛭田廣一著『地域資料サービスの実践』（JLA 図書館実践シリーズ；
　41），日本図書館協会，2019.

注・参考文献

1　雑誌コード管理センター「雑誌コードについて」 http://jpo.or.jp/magcode/
info/outline.html（確認2021.7.14）

2　日本学術会議　http://www.scj.go.jp/index.html（確認2021.7.14）

3　例えば，小学校新学習指導要領（2020年度〜）解説書 p.152では，学習指導要
領（国語科）中の「ウ 学校図書館などを利用し，複数の本や新聞などを活用して，
調べたり考えたりしたことを報告する活動」について，以下のように述べられて
いる。
「複数の本や新聞などとは，同じテーマについて異なる書き手による本や文章，
異なる新聞社による新聞記事などが挙げられる」（以下略）

4　日本図書館情報学会用語辞典編集委員会編『図書館情報学用語辞典 第5版』
丸善出版，2020，p.211

5　私立大学図書館協会東地区部会企画広報研究分科会「パスファインダーバンク」
https://www.jaspul.org/pre/e-kenkyu/kikaku/pfb/pfb_frameset.htm（確認
2021.7.14）

6　福岡県立図書館「学校支援のページ」では，学校図書館や学校教育で活用でき
る情報を提供している。　http://www.lib.pref.fukuoka.jp/hp/gakkousienn/
schoolshien.html（確認2021.7.14）
福岡県立図書館こどもとしょかん「伝記」パスファインダー　https://www.lib.
pref.fukuoka.jp/hp/kodomo/pathfinder/data/03denki.pdf（確認2021.7.14）

7　文部科学省「学校図書館ガイドライン」 https://www.mext.go.jp/a_menu/
shotou/dokusho/link/1380599.htm（確認2021.7.14）

4 ｜ 学校図書館メディアの種類と特性 3

川瀬綾子

《目標＆ポイント》 本章では，情報資源の種類と特性について，インターネット情報資源（ネットワーク情報資源），特別な資料群（学校資料，地域資料，特別な支援を必要とする児童生徒のための資料，教員用資料，その他特別コレクション（多読用外国語資料，専門教育用資料等））に着目して解説する。

《キーワード》 インターネット情報資源（ネットワーク情報資源），電子書籍，電子ジャーナル，デジタルアーカイブ，データベース，リンク集，特別な資料群，学校資料，地域資料，特別な支援を必要とする児童生徒のための資料，日本語を母語としない児童生徒のための資料，教員用資料，多読用外国語資料，専門教育用資料

1. インターネット情報資源（ネットワーク情報資源）

（1）学校教育の ICT 化

　はじめに，近年の学校教育における ICT 化について触れておく。

　「子供の読書活動の推進に関する基本的な計画」第四次計画（2018（平成30）年 4 月）では，学校のインターネット接続は「児童生徒の調べ学習等の活動を展開していく上で大きな効果がある」とし，インターネット情報資源の活用を促している[1]。また，2019（令和元）年12月，文部科学省が打ち出した「GIGA スクール構想」は，「1 人 1 台端末と高速大容量の通信ネットワークを一体的に整備」し，「多様な子供たちを誰一人取り残すことなく，公正に個別最適化され，資質・能力が一層

確実に育成」するものであるとしている[2]。さらに2021年現在，政府は
デジタル教科書の普及を図っている[3]。

　このような背景から，学校図書館でもますますインターネット情報資
源の利活用が求められることが予測される。

（2）インターネット情報資源（ネットワーク情報資源）の概要

　インターネット情報資源は電子資料の一種で，ネットワーク情報資源
ともいう。ネットワーク情報資源は，『図書館情報学用語辞典（第5版）』
では，「インターネットを基盤とするコンピュータネットワークを介し
て探索，入手，利用可能な情報資源。電子書籍や電子ジャーナルに加え
て，古文書などを電子化したデジタルアーカイブ，インターネットで提
供されているデータベース，ウェブ公開されている電子資料，ウェブ
ページ，SNS，ウェブ配信の動画などを含む」と定義されている。また
同書では，一般的特徴として，「①多様な表現様式を一元的に記録，伝
達し，加工や再利用が容易，②パッケージ系メディアと通信系メディア
の特徴を合わせもつ，③情報の更新，移動，削除などが頻繁に行われ，
存在が流動的，④ウェブの普及に伴いハイパーテキスト構造をもつもの
が多く，情報が断片化すると同時に癒着しており，書誌的単位が不明瞭」
などの点を挙げている[4]。

　インターネット情報資源にも多くの有益な情報が掲載されている。ま
た紙媒体では刊行されずウェブサイトでのみ提供されている情報も多
く，学校図書館でも有効に活用できるようにしたい[5]。

　以下，上記に挙げられたインターネット情報資源について，特性等を
取り上げる。

1）電子書籍

　電子書籍は，スマートフォンやタブレット端末，パソコン，電子書籍

専用端末等のデジタル機器で読むことができる電子化されたデータである。

　電子書籍のメリットは，地域の公立図書館や学校図書館が休館であってもいつでも貸出が可能である点や，リフロー型の電子書籍であれば，文字を拡大したり，フォントを変更したり，音声読み上げソフトと連携することによって特別な支援を必要とする児童生徒へ情報を提供することも可能となる点，全文検索ができる電子書籍であれば，検索性に優れる点等が挙げられる。デメリットは機器等の破損の心配，資金面での問題等がある。

　電子書籍には，商用電子書籍と非商用電子書籍がある。

　学校図書館が契約している商用電子書籍には，学校図書館を専門としたベンダーと学校図書館や公立図書館，大学図書館等も含んだサービス展開を行っているベンダーとがある。学校図書館を専門としているのは，eライブラリー有限責任事業組合による「School e-Library」であり，8社（岩波書店・偕成社・学研プラス・河出書房新社・講談社・集英社・フレーベル館・ポプラ社）の1,000冊を定額制で契約できる[6]。一方，各種図書館の電子書籍サービス展開をしているベンダーには，日本電子書籍協会による「LibrariE（ライブラリエ）」[7]や図書館流通センターの「TRC-DL」（LibrariE（ライブラリエ）のコンテンツも含む）[8]，OverDrive社とメディアドゥによる「OverDrive Japan」[9]等がある。それぞれのベンダーによって提供される電子書籍のタイトルが異なったり，契約・利用条件等が異なったりするので，導入時には慎重な比較を要する。なお，契約費用の種目についても注意しなければならない。

　次に，非商用電子書籍には，アメリカの「プロジェクト・グーテンベルク」[10]，ヨーロッパ連合の「ヨーロピアーナ」[11]，日本の「青空文庫」[12]等がある。

2）電子ジャーナル

　図書館では電子ジャーナルは主に電子化された学術雑誌を指す。なお電子雑誌としては，第3章で取り上げた紙媒体の一般雑誌と同様に，さまざまな種類がある。ここでは，電子化された学術雑誌を電子ジャーナルとして紹介する。

　電子ジャーナルは，理工，医学系分野を中心として普及してきたが，近年では，人文・社会科学分野でも普及している。学術雑誌の中には，紙媒体での販売をせずに，電子媒体でのみ販売する場合もある。

　例えば，電子ジャーナルは高等学校の「総合的な探究の時間」等の学習や教職員の研究での活用が可能である。

　国内の電子ジャーナルの検索には，国立国会図書館サーチ[13]や，CiNii Research[14]，J-STAGE[15]等を活用するとよい。

3）デジタルアーカイブ

　デジタルアーカイブとは，公文書や古文書，出版物，地域資料，映像資料，文化財等のさまざまな文化的，学術的資源をデジタル化し，管理，保存，提供するシステムである。なお，はじめからデジタル情報として制作された情報も含まれる。

　デジタルアーカイブは，図書館，博物館，美術館，文書館，大学，研究機関，民間企業等によって運営されている。

　ここでいくつかの国内の事例を紹介する。

① 国立国会図書館デジタルコレクション

　「国立国会図書館デジタルコレクション」は戦前期・戦後期刊行図書や児童書，議会資料，法令資料，雑誌・児童雑誌（多くは2000年以前刊行のもの），博士論文，震災関連資料，歴史的音源，電子書籍・電子雑誌等で権利処理済みのものはウェブで公開されている[16]。

② **大阪市立図書館デジタルアーカイブ**

　「大阪市立図書館デジタルアーカイブ」では大阪市立中央図書館が所蔵している古文書や写真，絵葉書，地図等が閲覧できる[17]。

③ **岡山県立図書館デジタル岡山大百科**

　「デジタル岡山大百科」は，「郷土岡山について百科事典的に調べられることを目指して」作成された岡山県立図書館の運営する県民参加型の電子図書館である[18]。

④ **徳島県文化の森総合公園／とくしまデジタルアーカイブ**

　「徳島県文化の森総合公園／とくしまデジタルアーカイブ」は徳島県立図書館，徳島県立文書館，徳島県立博物館，徳島県立鳥居龍蔵記念博物館，徳島県立近代美術館のデジタルアーカイブを横断的に検索できるシステムである[19]。

⑤ **国立公文書館デジタルアーカイブ**

　「国立公文書館デジタルアーカイブ」は，「館所蔵の特定歴史公文書等の目録情報の検索，公文書や重要文化財等のデジタル画像等の閲覧，印刷，ダウンロードが可能」となっている[20]。

⑥ **国際日本文化研究センターデータベース**

　国際日本文化研究センターでは，所蔵する資料のデジタル化を行い，「日本関係欧文図書」や「和歌・連歌・俳諧」等のカテゴリーを設け，各データベースで画像や書誌情報の提供を行っている[21]。

⑦ **国立国会図書館東日本大震災アーカイブ**（愛称：ひなぎく）

　国立国会図書館東日本大震災アーカイブは，「「東日本大震災に関するあらゆる記録・教訓を次の世代へ」をコンセプトとし，被災地の復旧・復興事業，今後の防災・減災対策や学術研究・教育等に活用されることを目指して」デジタルアーカイブを公開している[22]。なお，検索対象データベース等には，熊本地震デジタルアーカイブや震災文庫（神戸大学附

属図書館）等も含まれている。

⑧　ADEAC（アデアック）デジタルアーカイブ

　ADEAC（アデアック）は，さまざまなデジタルアーカイブを横断検索，公開機関から探すことができるシステムである[23]。

⑨　ジャパンサーチ

　ジャパンサーチは，国内のさまざまなデジタルアーカイブと連携し，まとめて検索ができるシステムである[24]。

　このようなデジタルアーカイブは郷土資料としてや防災教育としても活用ができるので，地域の情報等教材として役立つ情報が公開されていないか確認をしてみよう。

4）データベース

　データベースとは，各種情報を蓄積し，検索できるようにしたシステムである。学校図書館の蔵書目録であるOPACもデータベースの一種である。他にも辞典・事典類を電子化し，検索を可能にしたデータベースもある。

　データベースには無償で契約が不要なものと，有償で契約のもとに利用可能なものとがある。最初に無償で契約が不要なデータベースとして，前掲の国会図書館サーチ，CiNii Research，J-STAGE以外で活用できるデータベースをいくつか紹介する。

　図4-1は東京学芸大学学校図書館運営専門委員会による「先生のための授業に役立つ学校図書館活用データベース」である。学校図書館を活用した学習をサポートするために，指導案やワークリスト，ブックリストを公開している[25]。

　「レファレンス協同データベース」は国立国会図書館が公立図書館，大学図書館，学校図書館，専門図書館等と共に制作・公開するデータベースで，レファレンス事例等が提供されている[26]。レファレンス協同

図4-1　先生のための授業に役立つ学校図書館活用データベース
出典：東京学芸大学学校図書館運営専門委員会「先生のための授業
　　　に役立つ学校図書館活用データベース」http://www.
　　　u-gakugei.ac.jp/~schoolib/htdocs/　（確認2021.10.28）

　データベースのページでは，学校図書館での活用法も掲載しているので，参考にされたい[27]。なお，余力があればレファレンス協同データベースに加盟し，事例の登録も心掛けたい。
　次に，有償で契約のもとに利用可能なデータベースには，百科事典の

「ポプラディアネット」や「ブリタニカ・オンライン中高生版」，辞書・事典・叢書等の検索が可能な「ジャパンナレッジ School」等の各種辞典・事典類，新聞記事検索用データベースである朝日新聞記事データベース「朝日けんさくくん」，「聞蔵Ⅱビジュアル」，毎日新聞記事データベース「毎索ジュニア」，「毎索」，読売新聞記事データベース「ヨミダス for スクール」，「ヨミダス歴史館」，日本経済新聞記事データベース「日経テレコン」，産経新聞データベース「産経電子版」，洋新聞等データベース「ProQuest Central」等がある。一部の新聞社のデータベースには学校図書館用に開発されたものもある。同時アクセス数等の利用条件も異なるため，契約時に確認が必要である。

　この他にも，音楽の検索・配信を行うデータベースや理科年表のデータベース等もある。

5）その他のウェブページ（ウェブサイト），SNS，動画

　総務省による「通信利用動向調査」（令和2年調査分）によると，インターネットを利用している6〜12歳は80.2％，13〜19歳は98.4％であった[28]。学校教育の現場においてもその利活用が求められる。ここでは，1）〜4）で紹介した以外のインターネット情報資源を取り上げる。

　学校教育では，電子化された官公庁出版物や，児童生徒向けの政府ウェブサイト，教育委員会のウェブサイト，企業のウェブサイト・SNS等も参考になる。また，YouTube 等の動画配信ウェブサイトにも政府や企業等による公式チャンネルがあり，動画を観ながら学習を深めることも可能である。さらに，NHK for School にも多数の教育用コンテンツが用意されている[29]。そして他にも無料で学習ができるオンライン大学講座「JMOOC」[30]，「gacco:The Japan mooc」[31]等もある。

　図4-2では，内閣官房内閣広報室「首相官邸きっず」を，図4-3では，長野県学習支援ポータルサイト「まなびすけ信州」を紹介しておく。

図4-2　首相官邸きっず

出典：内閣官房内閣広報室「首相官邸きっず」https://www.kantei.go.jp/jp/
kids/　（確認2021.10.28）

図4-3　まなびすけ信州

出典：長野県「まなびすけ信州」https://manabisuke.airlibro.jp/index/index.
php　（確認2021.10.28）

（3）インターネット情報資源（ネットワーク情報資源）の活用

　学校図書館では，玉石混淆の情報の中から，利用者に提供できるものを見つけ出しリンク集として収集し，リーフレットを作成しておくなど，授業に活用できるよう維持・管理しておきたい。しかし，学校図書館によってはこうした活動の人的資源が乏しいところもあろう。こうした場合は，活発なインターネット情報資源の提供を行っている教育機関や先進学校図書館のリンク集などを活用させてもらうとよい。

　例えば，千葉県柏市の「学校図書館 ONLINE」（図 4 - 4 ）では，「学校図書館コーディネーター，学校図書館アドバイザー，63校の司書教諭，学校図書館指導員をつなげ」，実践の共有化を図りながら情報活用を進めている[32]。

　学校図書館や授業で利用できる有益なウェブサイトを収集するには，制作者が信頼のおける人物や団体かどうか，ウェブサイトの内容が正確であるか，またいくら正確であっても古い情報が掲載されたままになっ

図 4 - 4　学校図書館 ONLINE
出典：柏市教育委員会「学校図書館 ONLINE」http://www.tosyo.kashiwa.ed.jp/ （確認2021.10.28）

ていないか定期的に更新されているかなどを見極め判断しなくてはならない。活用においては，インターネット情報資源はいつの間にか情報が消えている場合もあり，常に状況を確認しておく必要がある。

　インターネット情報資源はリンク集を作成することで，利用者へ情報の提供を行うことが可能である。しかし，実際にアクセスして確認しなくては，求める情報と合致するかがわからない。そこで，利便性の向上のため，インターネット情報資源の組織化については，メタデータの付与が必要となる。メタデータについては，第14章で解説する。

　インターネット情報資源の活用には，まず，学校設置母体によるWAN接続を前提に考えると，授業等の実施に充分な帯域の確保—外部接続では（ベストエフォート型，ギャランティ型，バースト型の選択），内部無線LANでは実行帯域の確認—が必要である。さらに，家庭等からのアクセス制御や，インターネット接続環境のない家庭等へのコンピュータ機器類や無線ルータ類等の貸与も考える必要がある。

　また，児童生徒が有益適切な情報を探し出せるように指導したり，検索技術の指導や情報の真贋を見極めるといった情報リテラシー教育を合

○○○.jp	組織・個人問わず　日本の提供者
○○○.com	商業組織
○○○.net	ネットワーク用
○○○.org	非営利組織用
○○○.cdu	教育機関用
○○○.go.jp	日本政府
○○○.gov	米国政府機関用
○○○.biz	ビジネス用
○○○.co.jp	会社
○○○.ac.jp	大学など
○○○.ed.jp	学校

図4-5　ドメイン名の例

わせて行うことが肝要である。ウェブサイト等の活用には，第一に「誰が，いつ作成したサイトか」をドメイン名（図4-5参照）や更新日を確認しなくてはならない。

　また，管理者は常にセキュリティに配慮しウィルス対策やID・パスワードの管理を行い，個人情報の漏洩などを避ける必要がある。さらにID・パスワードの管理においては，児童生徒にも徹底させなければならない。

2. 特別な資料群

　ここからは特別な資料群として，前掲以外に必要となるさまざまな資料について学習を進める。

（1）学校資料

　文部科学省通知「学校図書館ガイドライン」では「自校資料」の収集やその活用が必要とされている[33]。自校資料（学校資料）とは，教職員による指導案や児童生徒の学習成果物，クラブ活動や児童生徒会活動，委員会活動の成果物，学校行事，卒業アルバム，自校出版物，PTA会誌，学校周年記念誌，同窓会記念誌，学校統廃合の記録等が含まれる。学校資料はそこにしかない貴重な資料が大半である。永続的に保存をすると決めた学校資料は合綴製本する等の措置も検討し，教職員で連携し，廃棄，散逸することの無いように，収集・保存を心掛けたい。

（2）地域資料

　地域資料とは，郷土資料と行政資料とで構成される。郷土資料には，その地域で出版された刊行物や報告書，古文書，古地図，考古学資料，郷土関係者の著作等多岐に渡る。また形態は図書，逐次刊行物，ポス

ター，写真，絵葉書，記録フィルム等が挙げられる。行政資料とは，国や地方自治体等が刊行した資料であり，議会会議録や条例・規則，広報，統計，リーフレットやパンフレット等がある。

　探究的な学習等に役立つように，地域資料は購入と共に，積極的に寄贈の依頼と受入れを行い，基本的には廃棄しない。受入れた地域資料は別置し，コーナーを設けておくと良い。地域資料のコーナーには，ファイル資料も用意しておく。

　地域資料のリーフレットやパンフレットは紙媒体だけでなく，オンラインで提供している場合もある。また，最近では紙媒体での配布を止めオンライン版のみとしている場合もあるので，官公庁や公的機関，法人，政党，観光局等のウェブサイトを確認してみると良い。

（3）特別な支援を必要とする児童生徒，日本語を母語としない児童生徒のための資料

　学校図書館では，視覚や聴覚などに障害のある児童生徒や，肢体不自由や病弱・身体虚弱の児童生徒，学習障害などのある児童生徒，日本語を母語としない児童生徒などの特別な支援を必要とするメディアも揃えておく必要がある。

　文部科学省による「学校図書館ガイドライン」には，「発達障害を含む障害のある児童生徒や日本語能力に応じた支援を必要とする児童生徒の自立や社会参画に向けた主体的な取組を支援する観点から，児童生徒一人一人の教育的ニーズに応じた様々な形態の図書館資料を充実するよう努めることが望ましい。例えば，点字図書，音声図書，拡大文字図書，ＬＬブック，マルチメディアデイジー図書，外国語による図書，読書補助具，拡大読書器，電子図書等の整備も有効である」と記されている[34]。一人一人の児童生徒の障害の部位・程度の考慮，学習の進捗状況に合わ

せたメディアの選択が重要である。第5章で詳述する。

　日本語を母語としない児童生徒に対しては，日本語の習得のために，やさしい日本語で，読む，見る，聞くことのできる絵本，視聴覚資料がまず必要である。習得度が向上するにつれて文字の多い図書などに移行していくが，その際でも漢字にルビを振ったものが望ましい。ただルビ付き本は低学年向けの童話などでは多くあるが，高学年向きになるほど少なくなるため，ボランティアグループが製作することもある。

　また，外国人児童生徒の母語で，読む，見る，聞くことのできる各種メディアの積極的な収集も必要である。出身国の歴史，文化などの情報を知ることは児童生徒のアイデンティティの確立のためにも大切である。加えて，日本の歴史や文化などの情報に触れることができる環境を整えることも日本で暮らしていくためには不可欠である。ただ日本では，ポルトガル語やフィリピン語，スペイン語，中国語などの言語で書かれた児童生徒向けのメディアは発行も少なく，入手困難な場合が多い。このため地域の多文化サービスに取り組む公立図書館などとの連携・協力が不可欠である。

（4）教員用資料

　学校図書館の機能には，子どもの読書サポーターズ会議「これからの学校図書館の活用の在り方等について（報告）」で示されている通り，「教員の授業改善や資質向上のための支援機能」も必要とされる。そして具体的な取り組みとして「教科等指導のための研究文献や教師向け指導資料，教材として使える図書などを集めて教員が使えるようにしたり，こうした図書資料のレファレンスや他の図書館から資料を取寄せる等のサービス」を挙げている[35]。

　教員用資料の例は，各教科に関する学術雑誌，専門書，授業指導案，

図4-6　豊中市学校図書館 教員支援資料のコーナー
（豊中市立第八中学校提供）

学校行事やクラブ活動・委員会の指導記録等である。しかし，学校図書館のみでの学術雑誌，専門書の充実は難しいため，近隣公立図書館や学校図書館支援センターの協力を仰ぐ必要がある[36]。

　いずれにせよ，教職員には学校図書館が児童生徒のみの機関ではなく，教員の支援にも活用ができるという理解を深めていかなくてはならない。

（5）その他特別コレクション
（多読・速読用外国語資料，専門教育用資料等）

　この他に学校図書館では，それぞれの学校教育に適した特別なコレクションの収集も必須となる。

　小学校では，2020年度からの新学習指導要領（平成29年3月告示）において，中学年に外国語活動，高学年に外国語科が導入された。小学校の学校図書館でも外国語絵本や辞典類の収集が急務となっている。また，外国語のリーディングやライティング等に慣れるために，多読・速読用外国語資料の収集も心掛けたい。多読・速読用外国語資料は，難易度のレベルによりカラーシールや語数を背表紙に貼付するなど，児童生徒がわかりやすく手に取りやすい工夫，レベルアップが図れる方策が必要となる。

　なお，英語の多読用資料の選定には，例えば，古川昭夫・神田みなみ編著『英語多読完全ブックガイド』（改訂第4版，コスモピア，2013）がある。

　また，英語以外の言語の多読・速読資料を必要とする学校や日本語を母語としない児童生徒のための日本語多読資料等が必要となる場合もある。

　他にも，専門教育を主とする学科やコースがある学校では，それぞれの教育課程に適した情報資源の収集が必須である。例えば，美術科設置高等学校では美術専門書やデッサンに必要となる情報資源，さらに美術館や博物館の展覧会図録等の収集が必要となる。なお，展覧会図録は各美術館や博物館に赴いて購入する，公式ウェブサイトで購入する，図録専門の販売サイトで購入する等の方法がある。また，看護高等学校においては医療・看護専門の図書や雑誌の収集やデータベースの契約が必須となる。

注・参考文献

1　第四次子供の読書活動の推進に関する基本的な計画（平成30（2018）年 4 月）
https://www.kodomodokusyo.go.jp/happyou/hourei.html　（確認2021.7.14）

2　文部科学省「GIGA スクール構想の実現へ」https://www.mext.go.jp/
content/20200625-mxt_syoto01-000003278_1.pdf　（確認2021.7.14）

3　文部科学省「デジタル教科書の今後の在り方等に関する検討会議」https://
www.mext.go.jp/b_menu/shingi/chousa/shotou/157/index.html　（確認
2021.7.14）

4　日本図書館情報学会用語辞典編集委員会編『図書館情報学用語辞典　第 5 版』
丸善出版，2020，p.195.

5　例えば国立国会図書館ではインターネット資料収集保存事業をおこなっている。
しかしながらすべてのインターネット資料を収集しているわけではない。http://
warp.ndl.go.jp/search/　（確認2021.7.14）

6　School e-Library　https://www.schoolelibrary.info/　（確認2021.7.14）

7　日本電子書籍協会「LibrariE」https://www.jdls.co.jp/about-librarie/　（確認
2021.7.14）

8　図書館流通センター「電子図書館サービス」https://www.trc.co.jp/solution/
trcdl.html　（確認2021.7.14）

9　OverDrive Japan　https://overdrivejapan.jp/library/　（確認2021.7.14）

10　Project Gutenberg　https://www.gutenberg.org/　（確認2021.7.14）

11　Europeana　https://www.europeana.eu/en　（確認2021.7.14）

12　青空文庫　https://www.aozora.gr.jp/　（確認2021.7.14）

13　国立国会図書館サーチ　https://iss.ndl.go.jp/　（確認2021.7.14）

14　CiNii Research　https://cir.nii.ac.jp/ja/　（確認2021.7.14）

15　J-STAGE　https://www.jstage.jst.go.jp/browse/-char/ja/　（確認2021.7.14）

16　国立国会図書館「国立国会図書館デジタルコレクション」https://dl.ndl.go.jp/
（確認2021.7.14）

17　大阪市立図書館「大阪市立図書館デジタルアーカイブ」http://image.oml.city.
osaka.lg.jp/archive/　（確認2021.7.14）

18　岡山県立図書館「デジタル岡山大百科」http://digioka.libnet.pref.okayama.jp/

（確認2021.7.14）

19　徳島県文化の森総合公園「徳島県文化の森総合公園／とくしまデジタルアーカイブ」https://trc-adeac.trc.co.jp/WJ11C0/WJJS02U/3600115100　（確認2021.7.14）

20　国立公文書館「国立公文書館デジタルアーカイブ」https://www.digital.archives.go.jp/　（確認2021.7.14）

21　国際日本文化研究センター「データベース」http://db.nichibun.ac.jp/pc1/ja/（確認2021.7.14）

22　国立国会図書館 東日本大震災アーカイブ　https://kn.ndl.go.jp/#/　（確認2021.7.14）
　　国立国会図書館 東日本大震災アーカイブ「2 国立国会図書館東日本大震災アーカイブについて「大震災に関する記録や教訓を，次の世代へ伝えていくために …」」https://kn.ndl.go.jp/static/about?language=ja　（確認2021.7.14）

23　ADEAC　https://trc-adeac.trc.co.jp/　（確認2021.7.14）

24　ジャパンサーチ　https://jpsearch.go.jp/　（確認2021.7.14）

25　東京学芸大学学校図書館運営専門委員会「先生のための授業に役立つ学校図書館活用データベース」　http://www.u-gakugei.ac.jp/~schoolib/htdocs/　（確認2021.7.14）

26　国立国会図書館「レファレンス協同データベース」https://crd.ndl.go.jp/reference/　（確認2021.7.14）

27　国立国会図書館「レファレンス協同データベース　学校図書館での活用法」https://crd.ndl.go.jp/jp/library/schoollibrary.html　（確認2021.7.14）

28　総務省「通信利用動向調査」（令和2年調査分）https://www.soumu.go.jp/johotsusintokei/statistics/statistics05.html　（確認2021.7.14）

29　NHK「NHK for School」https://www.nhk.or.jp/school/　（確認2021.7.14）
　　NHK「NHK for School で授業力アップ！」https://www9.nhk.or.jp/school/jyugyo/index.html　（確認2021.7.14）

30　JMOOC　https://www.jmooc.jp/　（確認2021.7.14）

31　gacco:The Japan mooc https://gacco.org　（確認2021.7.14）

32　柏市教育委員会「学校図書館 ONLINE」https://kashiwa.ed.jp/tosyo/　（確認2021.7.14）

33　文部科学省「学校図書館ガイドライン」https://www.mext.go.jp/a_menu/
shotou/dokusho/link/1380599.htm　（確認2021.7.14）

34　前掲33

35　子どもの読書サポーターズ会議「これからの学校図書館の活用の在り方等につ
いて（報告）」2009年3月 https://www.mext.go.jp/a_menu/shotou/dokusho/
meeting/__icsFiles/afieldfile/2009/05/08/1236373_1.pdf　（確認2021.7.14）

36　例えば，大阪府豊中市立図書館では，「学校図書館支援ライブラリー」を設け，
教員支援用資料の充実を図っている。

5 | 学校図書館メディアの種類と特性4

呑海沙織

《目標&ポイント》　本章では，学校図書館メディアと合理的配慮について学ぶ。合理的配慮は，障害者の権利に関する条約第2条において，「障害者が他の者と平等にすべての人権及び基本的自由を享有し，又は行使することを確保するための必要かつ適当な変更及び調整であって，特定の場合において必要とされるものであり，かつ，均衡を失した又は過度の負担を課さないものをいう」と定義されている。合理的配慮の基盤となる共生社会，インクルーシブ教育，ノーマライゼーションといった概念を理解するとともに，合理的配慮に基づいたメディアの整備について学ぶ。

《キーワード》　合理的配慮，基礎的環境整備，「図書館における障害を理由とする差別の解消の推進に関するガイドライン」，発達障害，ディスレクシア，共生社会，インクルーシブ教育システム，大活字本，LL ブック，点字資料，DAISY 資料

1. 特別な支援を必要とする児童生徒への支援の基盤となる考え方

（1）共生社会の形成とインクルーシブ教育システム

　特別な支援を必要とする児童生徒への支援の基盤となるのは，「共生社会」である。共生社会とは，「これまで必ずしも十分に社会参加できるような環境になかった障害者等が，積極的に参加・貢献していくことができる社会」であり，「誰もが相互に人格と個性を尊重し支え合い，人々の多様な在り方を相互に認め合える全員参加型の社会」[1]である。つ

まり，障害のあるなしによって隔たることなく，障害がある人も障害の
ない人も共に支え合う全員参加型の社会である。

　共生社会の形成にあたっては，インクルーシブ教育システム
（Inclusive Education System）の理念が重要である。インクルーシブ
教育とは，障害のある子どもも障害のない子どもも共に教育を受けるこ
とであり，2006（平成18）年12月の国連総会で採択された「障害者の権
利に関する条約」において示された。障害者が一般的な教育制度から排
除されないこと，自己の生活する地域において初等中等教育の機会が与
えられること，個人に必要な合理的配慮が提供されること等が必要であ
るとされている[2]。

（2）ノーマライゼーションと障害のとらえ方の変化

　インクルーシブ教育の根底にあるのは，ノーマライゼーションという
概念である。ノーマライゼーションとは，「障害をもつ人びとが特別の
ケアを受ける権利を享有しつつ，個人の生活においても社会のなかでの
活動においても，可能なかぎり通常の仕方でその能力を発揮し，それを
とおして社会の発展に貢献する道をひらく」[3]ことであり，厚生労働省で
は，「障害のある人もない人も，互いに支え合い，地域で生き生きと明
るく豊かに暮らしていける社会を目指す」[4]としている。1940年代にデン
マークで提唱され，日本には1970年代に紹介されたとされる。

　ノーマライゼーションの浸透とともに，障害のとらえ方も大きく変化
した。障害の医学モデルから社会モデルへの転換である。障害の医学モ
デルは，障害を個人的な問題としてとらえる考え方，障害の社会モデル
は，障害を社会と個人の障害が相まって作り出されているものであり，
障害を社会全体の問題としてとらえる考え方である。つまり，ノーマラ
イゼーションの実現のためには，障害のない人を主たる対象として構築

されてきた物的・人的・社会的環境そのものを変える必要がある。特別
な支援を必要とする児童生徒へのメディア支援は，その児童生徒を対象
とする支援にとどまらず，ノーマライゼーションの具現化ととらえるこ
とができる。

（3）特殊教育から特別支援教育への転換

　2005（平成17）年12月8日の中央教育審議会による「特別支援教育を
推進するための制度の在り方について（答申）」では，「障害の種類や程
度に応じて盲・聾・看護学校や特殊学級といった特別な場で指導を行う
ことにより，手厚くきめ細かい教育を行うことに重点」を置いてきた特
殊教育から，「障害のある幼児児童生徒の自立や社会参加に向けた主体
的な取組を支援するという視点に立ち，幼児児童生徒一人一人の教育的
ニーズを把握し，その持てる力を高め，生活や学習上の困難を改善又は
克服するため，適切な指導及び必要な支援を行う」特別支援教育へのシ
フトが示された。
　この答申の提言を踏まえ，2007（平成19）年4月1日に「学校教育法
等の一部を改正する法律」が施行された。同法では，盲学校，聾学校，
養護学校が障害種別を超えた特別支援学校に一本化された。また，小中
学校等において学習障害（LD, Learning Disabilities）や注意欠陥多動
性障害（ADHD, Attention Deficit Hyperactivity Disorder）等を含む
障害のある児童生徒等に対して適切な教育を行うことが規定された。つ
まり，特別支援学校のみならず，すべての学校で特別支援教育に取り組
むこととなったのである。すべての学校図書館において，特別な支援を
必要とする児童生徒への支援が不可欠であり，特別な支援を必要とする
児童生徒に対応したメディアの充実を図っていく必要がある。なお，特
別支援教育は，「共生社会の形成に向けて，インクルーシブ教育システ

ム構築のために必要不可欠なもの」という位置づけにある。

（4）障害者差別解消法と合理的配慮

　2006（平成18）年12月に国連総会で採択された「障害者の権利に関する条約」（障害者権利条約）の締結に先立つ国内法令整備の一環として，2013（平成25）年6月，「障害を理由とする差別の解消の推進に関する法律」通称，「障害者差別解消法」が成立し，2016（平成28）年4月より施行された。

　同法では，正当な理由なく障害を理由として障害者を差別することを禁じ，障害の有無に関係なく，相互に人格と個性を尊重し合いながら共生する社会の実現に資することを目的としている。なお同法では「障害者」を，「身体障害，知的障害，精神障害（発達障害を含む）その他の心身の障害がある者であって，障害及び社会的障壁により継続的に日常生活又は社会生活に相当な制限を受ける状態にあるもの」としている。

　この法律の施行によって，障害のある児童生徒に対する「合理的配慮」が，国公立学校では義務，私立学校では努力義務となった。合理的配慮は，障害者の権利に関する条約第2条において，「障害者が他の者と平等にすべての人権及び基本的自由を享有し，又は行使することを確保するための必要かつ適当な変更及び調整であって，特定の場合において必要とされるものであり，かつ，均衡を失した又は過度の負担を課さないものをいう」と定義されている。過度の負担がない範囲で障害者の社会的障壁を取り除くことが求められる。

　図5-1は，内閣府による合理的配慮に関するパンフレットである。学校図書館は情報センターとして，このようなパンフレットなどの媒体を使って，合理的配慮を推進する役割を担う。

図5-1　合理的配慮に関するリーフレット
出典：内閣府「障害を理由とする差別の解消の推進」https://www8.cao.
go.jp/shougai/suishin/sabekai_leaflet.html（確認2021.10.28）

（5）図書館における合理的配慮

　2015（平成27）年6月30日，日本図書館協会障害者サービス委員会は，文部科学省の「障害を理由とする差別の解消の推進に関する法律の実施に関する調査研究協力者会議」に「公共図書館の障害者サービスと合理的配慮」[5]と題する報告書を提出した。この報告書では，図書館の障害者サービスを「障害者への特別なサービス」でも，「福祉的，恩恵的サービス」でもないことを明記したうえで，図書館利用に障害のある人々へのサービスを「誰もが使える図書館にすること」としている。また，図書館の障害者サービスの対象者を下記のように挙げている。
①　身体障害者（肢体・聴覚・視覚・内部・重複等）

② 　精神障害者

③ 　知的障害者

④ 　発達障害者（学習障害者→ディスレクシア等）

⑤ 　高齢で図書館利用に障害のある人

⑥ 　入院患者，いわゆる寝たきり状態の人

⑦ 　施設入所者

⑧ 　受刑者等矯正施設入所者

⑨ 　妊産婦，病気やけが等による一時的な障害状態

⑩ 　在日外国人，日本国籍はあるが日本以外の文化的背景を基礎にしている人

　さらに，同年12月18日に，下記のような「図書館利用における障害者差別の解消に関する宣言」[6]が発表された。

　・障害者の権利に関する条約（障害者権利条約）が，その第二十一条で締約国に「障害者に対し，様々な種類の障害に相応した利用しやすい様式及び機器により，適時に，かつ，追加の費用を伴わず，一般公衆向けの情報を提供すること」を求めていることに特に留意するとともに，障害者との意思疎通に努め，

　・全国のすべての図書館と図書館職員が，合理的配慮の提供と必要な環境整備とを通じて，図書館利用における障害者差別の解消に，利用者と手を携えて取り組むことを宣言する。

　さらに翌2016（平成28）年3月8日には，「図書館における障害を理由とする差別の解消の推進に関するガイドライン」（以下，「ガイドライン」）[7]が発表された。図書館では障害者サービスを実践してきているものの，一定水準以上の障害者サービスを実施している図書館はまだ少ないという現状認識のもと，差別や合理的配慮の事例を示し，具体的な取

り組み方法を提示している。

「ガイドライン」の対象は，公立図書館のみならず，あらゆる図書館である。学校図書館においても，この「ガイドライン」に沿ってサービスを行うとともに，メディアを整備することが必要である。

2. 特別な支援を必要とする児童生徒のためのメディア

本節では，特別な支援を必要とする児童生徒のためのメディアについて学ぶ。特別な支援を必要とする児童生徒のためのメディアは，市販されているもののほか，図書館や視覚障害者情報提供施設，ボランティア等によって製作されるものがある。学校図書館では，児童生徒の状況に合わせてメディアを購入するか，製作するほか，相互貸借を利用する方法がある。小中学校の教科書には，国による無償提供の教科用特定図書等（教科用拡大図書や教科用点字図書等）や，ボランティア団体等が提供するマルチメディア DAISY 教科書がある。

「ガイドライン」では，下記のような読書支援機器やソフトウェアを整備するとともに，利用者に案内できるようにすることとされている。

① 活字資料の読書を支援するもの：老眼鏡，拡大読書器，ルーペ，書見台，リーディングトラッカー，音声読書器等
② 障害者サービス用資料を利用するためのもの：DAISY 再生機，タブレット端末等
③ パソコン利用のためのもの：音声化ソフト，画面拡大ソフト等

また，障害者用メディアとして，下記のように，主な資料，特に購入したいもの，相互貸借で相当数入手可能なものの3つに分けて，それぞれ資料を例示している。

① 　主な資料：大活字本，音声 DAISY，カセットテープ，マルチメ
　　ディア DAISY，テキスト DAISY，テキストデータ，点字資料，布
　　の絵本，LL ブック，字幕・手話入り映像資料，アクセシブルな電
　　子書籍等
② 　特に購入したいもの：大活字本，DAISY 資料，点字つき絵本，
　　布の絵本，LL ブック等
③ 　相互貸借で相当数入手可能なもの：音声 DAISY，点字資料

　購入する場合は，「著作権法第37条第 3 項ただし書該当資料確認リス
ト」[8]として提供されている視覚障害者用等資料を販売する業者一覧を参
考にするとよい。「図書館の障害者サービスにおける著作権法第37条第
3 項に基づく著作物の複製等に関するガイドライン」[9]に基づいて，日本
図書館協会のサイトで提供されている。
　相互貸借の際は，国立国会図書館サーチやサピエの障害者サービス用
資料のデータベースで所在情報を検索すると効率的である。データをダ
ウンロードできる資料も含まれている。図 5 - 2 は，国立国会図書館サー
チの障害者向け資料検索画面である。国立国会図書館サーチでは，右上
のボタンから，日本語，中国語（簡体字），韓国語，英語を選ぶことが
できるほか，文字を拡大したり，白黒反転したりすることができる。
・国立国会図書館サーチ障害者向け資料検索
　http://iss.ndl.go.jp/#search-handicapped
・サピエ
　http://www.sapie.or.jp/
　本節では，特別な支援を必要とする児童生徒のためのメディアとして，
大活字本，点字資料，布の絵本，点字つき絵本，LL ブック，DAISY 資
料，電子書籍等を取り上げる。

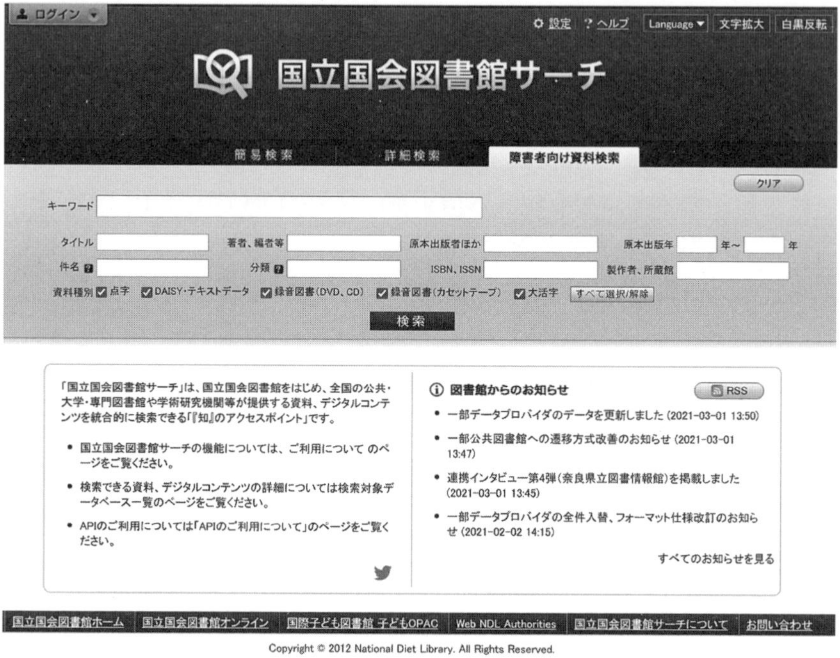

図5-2　国立国会図書館サーチ障害者向け資料検索
出典：国立国会図書館サーチ https://iss.ndl.go.jp/（確認2021.10.28）

（1）大活字本

　大活字本とは，低視力者や高齢者などの弱視者にも読みやすいように，文字を拡大した図書である。大活字図書，大型活字本，大活字版ともいう。また，一人一人のニーズに合わせてボランティア等が大きな文字を手書きしたものを拡大写本という。

　1980年代に，社会福祉法人埼玉福祉会が，高齢者・障害者向けの大活字本の製作販売を開始，全国の公立図書館に広まり，大活字図書コーナーが設置されるに至った。1996（平成8）年には，大活字本を専門に

出版する株式会社大活字が設立され，話題の新刊を中心にソフトカバーで出版するなど，大活字本の出版に新風を吹き込んだ[10]。

　また，2008（平成20）年に「障害のある児童及び生徒のための教科用特定図書等の普及の促進等に関する法律」，通称「教科書バリアフリー法」が成立した。同法により教科書発行者に，文部科学省への教科書のデジタルデータの提供および，文部科学省が定める標準規格に基づく教科用特定図書等の発行の努力義務が課せられることとなった。なお，教科用特定図書等とは，障害のある児童生徒の学習のために作成された教材であり，検定教科書用図書等に代えて使用できるものをいう。

（2）点字資料

　点字とは，視覚障害者が指で触って読む表音文字である。現在の点字の基礎となったブライユ式点字は，フランスのルイ・ブライユが1825（文政8）年に考案した。1890（明治23）年，石川倉次によるブライユ式点字の翻案が採用され，1901（明治34）年，日本訓盲点字として公認された。縦3点，横2点の6つの凸点の組み合わせで表記する。

　点字図書は，明治時代にボランティアによる製作によって始まったが，現在は，点字出版所等からも購入することができる。点字出版所とは，文字を点訳・印刷し，視覚障害者や関係団体へ提供する事業団体である。日本盲人社会福祉施設協議会の点字出版部会には，社会福祉法人日本ライトハウス点字情報技術センターや，社会福祉法人日本視覚障害者団体連合点字出版所など，25の団体が名を連ねている。

　国立国会図書館は，1982（昭和57）年より点字図書・録音図書全国総合目録（略称：点録全総目）の提供を開始した。現在，国立国会図書館サーチで提供されており，2015（平成27）年1月現在，239館が所蔵する点字冊子約16万件，点字データ約5,800件，録音カセット約22万件，

音声 DAISY 約13万件が収録されている[11]。

　点字資料には，点字図書の他，『点字毎日』（毎日新聞社）等の点字新聞，『点字ジャーナル』（社会福祉法人東京ヘレン・ケラー協会）や『視覚障害－その研究と情報』（社会福祉法人視覚障害者支援総合センター発行）等の点字雑誌がある。

（3）布の絵本

　紙ではなく，布で製作された絵本である。紙と比べて壊れにくいため，特別な支援を必要とする児童生徒の利用や，機能回復訓練の教材にも適している。厚手の布に，アップリケを施したり，マジックテープやボタン，ファスナー，紐などを使った仕掛けがされており，学びと遊びを兼ね備えた絵本である。札幌市でボランティアによって運営されているふきのとう子ども図書館では，布の本を個人向けに貸し出しているほか，図書館等に限定して販売を受け付けている。

　布の絵本は，バリアフリー絵本のひとつである。バリアフリー絵本とは，「絵本を楽しむ事にバリアがある人たちに，そのバリアを取り除き，楽しみやすくした絵本，またはそのバリアを理解し，環境や配慮を整えることを目的に作られた絵本」[12]である。バリアフリー絵本には，布の絵本の他，点字つき絵本，音声つき絵本，LL ブック等がある。

（4）点字つき絵本

　点字つき絵本とは，点字だけでなく，絵の部分についても輪郭などが隆起している触って楽しむことができるバリアフリー絵本である。「目の見えない人と見える人がいっしょに絵本を楽しめるようになること」[13]を目指して2002（平成14）年に発足した「点字つき絵本の出版と普及を考える会」では，2006（平成18）年より，「点字つき絵本・さわ

る絵本リスト」を作成し，ウェブサイトで公開している。点字つき絵本
は，ボランティアによって製作されるほか，NPO 法人ユニバーサルデ
ザイン絵本センターや偕成社等によって出版されている。

（5）LL ブック

　LL ブックとは，「やさしく読みやすい図書」である。「LL」は，ス
ウェーデン語の Lättläst の略語で，「やさしくてわかりやすい」という
意味である。幼児・児童を対象としたものではなく，青年期以降の知的
障害者や日本語を母国語としない人を対象とするメディアである。図 5
-3 のように，やさしい語彙や文法，写真や図，ピクトグラムを使った
読みやすい構成となっている。

　社会福祉法人埼玉福祉会では，LL ブックを出版しているほか，LL

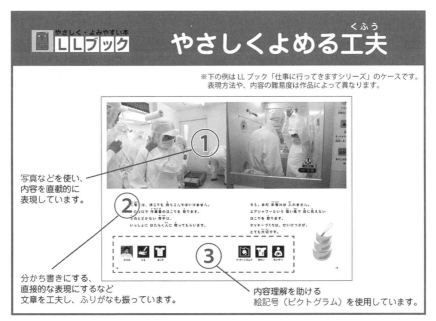

図 5-3　LL ブックにおける工夫
出典：社会福祉法人埼玉福祉会「LL ブックってなあに？」https://www.
saifuku.com/shop/llbook/about.html（確認 2021.10.28）

ブック用のイラスト分類シールや案内サイン，利用者や図書館関係者への説明サイン等を無料で提供している。

（6）DAISY 資料

DAISY（デイジー）とは，Digital Accessible Information SYstem の略であり，「アクセシブルな情報システム」ともいう。視覚障害者などの活字を読むことが困難な人のためのデジタル録音資料の国際標準規格として，デイジーコンソーシアムによって維持されている。現在は，カセットテープに録音した音声メディアの代替として，音声 DAISY が主流となっている。点字図書館や公共図書館，ボランティア団体等によって，DAISY 形式で録音されたメディアが製作されている。

テキストに文書構造や画像を付加したテキスト DAISY では，パソコンや DAISY 対応再生機等の音声合成機能を使うことによって，テキストの読み上げが可能である。DAISY 対応再生機やソフトウェアについては，日本点字図書館のウェブサイト[14]に詳しい。

テキスト・画像に音声が同期しているマルチメディア DAISY は，視覚障害のみならず，発達障害，知的障害，上肢障害，ディスレクシア等の多様な障害をもつ児童生徒に有効である。ディスレクシアとは，学習障害の一種である。小児期に生じる特異的な読み書き障害は，発達性ディスレクシアとして知られており，「知的な遅れや視聴覚障害がなく充分な教育歴と本人の努力がみられるにもかかわらず，知的能力から期待される読字能力を獲得することに困難がある状態」[15]と定義されている。2012（平成24）年の「通常の学級に在籍する発達障害の可能性のある特別な教育的支援を必要とする児童生徒に関する調査」では，学習面（聞く，話す，読む，書く，計算する，推論する）で著しい困難を示す児童生徒は4.5％という結果が示されている[16]。

　伊藤忠記念財団は「わいわい文庫」[17]として，マルチメディア DAISY 図書を製作し，CD や DVD として配布している。著作権法第37条３項のもと，文化庁長官から指定団体に認可されている同財団では，障害者への情報提供に限り，著作権者の許諾を得ずに公表された著作物の複製や自動公衆送信が認められている。全国の学校や図書館へ寄贈されているので有効に活用したい。

　マルチメディア DAISY は教科書にも適用されている。2008（平成20）年の「障害のある児童及び生徒のための教科用特定図書等の普及の促進等に関する法律」（「教科用特定図書等普及促進法」）および著作権法第33条の２の改正によって，障害のある児童生徒のために拡大教科書やマルチメディア DAISY 教科書等が製作できるようになった。公益財団法人日本障害者リハビリテーション協会では，2008（平成20）年よりマルチメディア DAISY 教科書の提供を始め，2012（平成24）年度よりボランティア団体と協力することによってさらにマルチメディア DAISY 教科書の提供を推進している。

（7）その他

　その他の電子書籍などのデジタル資料についても，特別な支援を必要とする児童生徒のためのメディアとして活用できる。テキストデータを保持していれば，音声合成（TTS: Text To Speech）による音声読み上げや，文字サイズの変更，画面の白黒反転等の機能を活用することができる。マルチメディア DAISY では，読み上げ音声とテキストが同期しているのに対して，TTS ではテキストが人工音声で読み上げられる。

　TTS 対応のデジタル資料は，視覚障害，肢体不自由，学習障害などによって，紙に印刷された資料の利用が困難なプリントディスアビリティのある児童生徒への可能性を拓く。

注・参考文献

1 　中央教育審議会初等中等教育分科会「共生社会の形成に向けたインクルーシブ教育システム構築のための特別支援教育の推進（報告）」2012.7.23,
https://www.mext.go.jp/b_menu/shingi/chukyo/chukyo3/044/houkoku/1321667.htm（確認2021.1.3）

2 　外務省「障害者の権利に関する条約」, 2014.1.30.
https://www.mofa.go.jp/mofaj/fp/hr_ha/page22_000899.html　（確認2021.1.3）

3 　茂木俊彦編集代表『特別支援教育大事典』旬報社, 2010, p.737-738.

4 　厚生労働省「障害者の自立と社会参加を目指して」https://www.mhlw.go.jp/bunya/shougaihoken/idea01/index.html　（確認2021.1.3）

5 　日本図書館協会「公共図書館の障害者サービスと合理的配慮」日本図書館協会, 2015.6.30, https://www.mext.go.jp/b_menu/shingi/chousa/shotou/113/shiryo/_icsFiles/afieldfile/2015/07/08/1359563_06.pdf　（確認2021.1.3）

6 　日本図書館協会「図書館利用における障害者差別の解消に関する宣言」, 2015.12.18.

7 　日本図書館協会「図書館における障害を理由とする差別の解消の推進に関するガイドライン」2016.3.8.

8 　日本図書館協会. 著作権法第37条第 3 項ただし書該当資料確認リスト. https://www.jla.or.jp/library/gudeline/tabid/859/Default.aspx（確認2021.2.23）

9 　国公私立大学図書館協力委員会, 全国学校図書館協議会, 全国公共図書館協議会, 専門図書館協議会, 日本図書館協会. 図書館の障害者サービスにおける著作権法第37条第 3 項に基づく著作物の複製等に関するガイドライン.
https://www.jla.or.jp/library/gudeline/tabid/865/Default.aspx（確認2021.2.23）

10 　野口武悟・植村八潮編著『図書館のアクセシビリティ：「合理的配慮」の提供へ向けて』樹村房, 2016, p.39-41.

11 　点字図書・録音図書全国総合目録と国立国会図書館サーチ, 国立国会図書館月報, 646, 2015.1.

12 　中川素子・吉田新一・石井光恵・佐藤博一 編『絵本の事典』朝倉書店, 2011.

13 　点字つき絵本の出版と普及を考える会
https://tenji.shogakukan.co.jp/　（確認2021.2.28）

14　日本点字図書館．デイジー対応再生機・ソフトウェア．https://www.nittento. or.jp/ebook/daisy/daisy.html（確認2021.1.3）

15　学習障害（限局性学習症）．厚生労働省　生活習慣病予防のための健康情報サイ ト　e－ヘルスネット．
https://www.e-healthnet.mhlw.go.jp/information/heart/k-03-004.html（確認 2021.2.28）

16　通常の学級に在籍する発達障害の可能性のある特別な教育的支援を必要とする 児童生徒に関する調査結果について．2012.12.5. https://www.mext.go.jp/a_ menu/shotou/tokubetu/material/1328729.htm（確認2021.2.28）

17　伊藤忠記念財団．わいわい文庫．
https://www.itc-zaidan.or.jp/summary/ebook/waiwai/（確認2021.2.14）

野口武悟・植村八潮編著『図書館のアクセシビリティ：「合理的配慮」の提供へ向 けて』樹村房，2016.

野口武悟・成松一郎編著『多様性と出会う学校図書館――一人ひとりの自立を支える 合理的配慮へのアプローチ―』読書工房，2015.

日本図書館協会編「図書館における障害を理由とする差別の解消の推進に関するガ イドライン」https://www.jla.or.jp/portals/0/html/lsh/sabekai_guideline.html （確認2021.1.5）

6 | 学校図書館メディアの蔵書構成

| 米谷優子・川瀬綾子

《目標＆ポイント》　本章では，学校図書館メディアの大半を占める「出版物」
の生成・流通の現状や課題を確認したのち，学校図書館のコレクション構築
の意義とプロセスを述べる。次に，学校図書館の蔵書構成方針（収集方針），
選択基準を取り上げ，学校図書館メディアの「蔵書構成」の全般についての
理解を深める。
《キーワード》　出版流通，取次，書店，再販売価格維持制度，委託販売制度，
蔵書構成，情報資源選択，蔵書構成方針，収集方針，選択基準，直接選択，
間接選択，見計らい，学校図書館図書標準，学校図書館メディア基準

1. 出版流通と学校図書館

　学校図書館メディアの大半を占める「出版物」が，どのように生成さ
れ，図書館に届くのか。本節ではそれを確認しておこう。

（1）出版物の生成

　「出版」とは文書や図表等を複製し，これを図書や雑誌のかたちにし
て発行することをいう。複製は通常，印刷技術を用いて行われる。ルネ
サンス期にドイツのグーテンベルクが発明した活版印刷術は，それまで
の写本の時代に比べて情報流通を革命的に加速し拡大させた。「出版」
の英語にあたる publication／publishing には，「公にする」という意味
がある。日本語の「版」は板，札，書籍を意味するもので，すなわち公

表の手段が木版からスタートしたことがうかがえる。ただし，19世紀後半に活字を用いる活版印刷術や洋装本の製本様式が西洋から本格的に流入し，現代日本で流通している「出版物」の大半は洋紙を用いた洋装本である。

　出版の本質的な目的は，書き手の言論や思想・構想を伝えることである。それを生業とする出版業者には2つの側面がある。

　1つめは，ビジネスの担い手であるということである。出版の多くは私企業によって行われており，マンパワーをはじめとして多くの経費を投下してそれを継続するには利潤を生まなくてはならない。

　2つめは，この業界が，社会に提供する「出版物」が文化の担い手という重要な役割を持っているということだ。出版ビジネスにはこの重責を自覚して，良識をもって価値ある出版物を世に送り出すことが求められる。業界はこれを自覚して，「出版倫理綱領」などを定めている。

　出版社ではこの綱領に則って出版企画を立て，それに適した編集者および執筆者に執筆を依頼するのが一般的である。

　執筆者，出版社の編集担当者のほか，デザイナー，校閲者・校正者，印刷業者，製本業者等さまざまな担当者が関わって，1つの出版物が出来上がる。

　生成された出版物は，取次に送られる。取次は出版物の問屋の役割を果たすところで，どの書店にどれだけ配本するかを決める権限をもつ。書店は取次から配本を受けた出版物を一般の読者や図書館などの顧客に販売する。

　ただし，出版物は，販売価格を書店が決めるのではなく，出版社が定めた価格で販売しなければならない（再販売価格維持制度）。また，一部を除いて，書店は出版物の販売が委託されているのであり，よって販売できなかった出版物を書店は取次に返本することができる（委託販売

制度)。

（2）出版に関する課題

　出版社によって生成される出版物は近年まで継続的に増加し続けてきた。新刊書籍点数の統計によれば，2016（平成28）年までその数は上昇し続け，そこからやや減少傾向がみられている現在でも1日当たり200以上の新刊書籍が生み出されており，出版洪水とも言われる。

　しかし売上でみると，書籍・雑誌ともに1996（平成8）年頃をピークにその後減少が続いており，出版不況とされている。これは，返本率（書店から取次に戻される割合）の上昇や，出版物の低価格化（文庫本や新書等，廉価図書の増加）が原因とされる。

　出版物を直接販売する書店の実店舗も減少傾向にある。ナショナルチェーンといわれる全国展開している大規模書店はまだしも，特に家族で経営しているような，いわゆるまちの本屋の減少が著しい。ネット書店の隆盛が主な理由とされるが，取次が書店への配分を決めるため書店の売りたい本が入ってきにくい配本問題も一因であると考えられている。

　2017（平成29）年の調査ですでに，書店が1件もない市町村が全国の2割超に達している[1]。実店舗がなくてもネット書店が利用でき，その利用には地域差がないとはいえ，ネット書店では，自分の読みたい本の中身を確認することはできない。自分の興味の範囲外の本が目に入る機会も少なくなる。実物の本に触れる機会が子どもたちの環境から少なくなっている現状がある中で，さまざまな出版物に触れられる図書館は，公立図書館・学校図書館に関わらず，ますます貴重な機関となる。学校図書館担当者として，まずこの自覚を持ちたい。

　一方，出版業界にとって，図書館はどのような存在なのだろうか。

　アメリカでは，児童文学発展期に，図書館員が優良な児童書や絵本を表彰して（ニューベリー賞，コールデコット賞）出版を後押しする事業を開始し，現在も続いている。

　日本でも，全国学校図書館協議会が学校図書館に適した図書を選定して，毎年およそ7,000点前後の図書を「選定図書」として発表しているほか，「えほん50」として1年間に刊行された絵本の中から，絵本50点を推薦している。

　しかし一方で，新刊書や文庫本の公立図書館での貸出を一定期間見合わせるよう出版社が要請する声が起こるなど，出版社が図書館を敵視するような一面が見られたことがあった。日本では図書館で貸出する図書について，あらかじめ補償金を支払う公貸権の取り決めがない中での，出版不況と言われる苦悩の表れであったのかもしれない。ただし，図書館での貸出数の増加と出版物の売上減少の因果関係は証明されていない。ある研究結果は図書館の貸出と出版物の売上は正の相関にあることを示している[2]。

　学校図書館・公立図書館，そして出版社はいずれも人間の叡知を集積した出版物を人々に提供する機関である。互いを理解して共存共栄の方策を探りたい。

2. 蔵書構成の意義とプロセス

（1）蔵書構成の意義

　蔵書（コレクション，book collection）とは，個々の図書館における図書館情報資源の集合体をいい，学校図書館では学校図書館メディア全体を指す。

　個々の学校図書館メディアは，異なった時期に1つずつ選んで学校図書館の蔵書としていくものではあるが，その時だけの判断で脈絡なく選

択するとばらばらの情報資源の集まりでしかなくなってしまう。収集の
ときから学校図書館の目的を意識し，図書館活動でどのように利用する
かを考慮して計画的に学校図書館メディアを選び，管理して維持してい
く意図的な過程が必要である。この意図的・計画的な過程を蔵書構成
（collection development）または蔵書構築（collection building）という。

　先述の通り，図書は1年間で7万点程度の新刊が出版され，その内容
も多岐にわたる。また学校図書館では，図書以外にも雑誌や新聞，映像
資料等のさまざまなメディアの購入や，電子書籍やオンラインデータ
ベース等の契約も必要となる。学校図書館では，各種方針のもとに，限
られた予算や収納スペースの中で，利用者である児童生徒，教職員等の
利用状況を考慮しながら，教育課程の一助になるようなメディアの選
択・収集を行う必要がある。

　ランガナタンは『図書館学の五法則』で，第1の法則として「図書は
利用するためのものである」と述べている[3]。資料を集めること自体を
図書館の目的としてはならず，どれだけ利用されるかが重要だ，という
ことである。

　また，前川は「よい蔵書とは，人々の知的好奇心を刺激し，どれもこ
れも読みたくならせるような本の集まりである」という[4]。

　単に多くの蔵書があれば，読みたい情報資源が十分あるということに
なるわけではない。もちろんある程度の量は必要ではあるが，需要予測
を行ったうえで提供した蔵書が利用者である児童生徒や教員の知的欲求
や情報要求に応えていること，そして新たな情報を希求したり知的関心
を高めたりする正のスパイラルに呼び込むことが，「読みたくならせる」
蔵書として必要なことである。

　蔵書構成は学校図書館のありようの根幹を決定するものであり，児童
生徒そして教職員の図書館利用を大きく左右する。このことをよく理解

して，蔵書構成・管理にあたってほしい。

（2）蔵書構成のプロセス

蔵書構成は以下のプロセスで行う。

1）利用者の分析

2）蔵書構成方針の構築

3）個々の学校図書館メディアの選択

4）学校図書館メディアの収集・組織化

5）蔵書の評価

それぞれの過程を見ていこう。

1）利用者の分析

まず利用者である児童生徒ならびに教職員を知ることが起点となる。児童生徒や教職員それぞれどのような知的欲求を持っているか，学校図書館にどのような期待を抱いているかを把握し，教育課程でどのような情報ニーズが生じるかを推定することが肝要である。

児童生徒が今どのようなニーズを持っているかを把握することは重要だ。学校図書館は教育課程の助けとなることはもちろんだが，各人の成長を促し見守る役割も持っている。現在の彼らの興味関心に迎合するばかりではいけないが，興味のないものしかないと想像できるところを利用しようとはしないだろう。興味のありそうなもので関心を引きながら，それを広げて彼らの成長につながるような蔵書構成にしなくてはならない。

児童生徒には，学校図書館を頻繁に訪れる者がある一方，ほとんど顔を見せない者もある。学校図書館の目的は，学校の構成員全員に対して図書館サービスを提供することである。来館率が高い児童生徒だけが利用者なのではなく，顔を見せない児童生徒もまた重要な利用者である。

頻繁に利用する児童生徒の学校図書館への要望に積極的に耳を傾けると同時に，来館頻度の少ない児童生徒はなぜ学校図書館を利用しないのかを把握することもまた重要である。ちょっとしたことがきっかけで利用し始める児童生徒もいれば，逆の事例もある。きっかけとなるような事由の把握に心を寄せたい。

　また，教職員が学校図書館に期待することは主に，教育活動に役立つ情報や情報資源の提供であろう。教職員の期待に応えるためには，各教科の教育課程の詳細を学校図書館担当者がきちんと理解し，それに応じた蔵書構成を心がけることが必要となる。

　なお，学校図書館の利用者の大半を占める児童生徒は毎年確実に入れ替わる。また教職員も，経験を重ねればニーズや学校図書館への期待に変化があるはずだ。よって，利用者分析は一度行えばよいというわけではなく，常に利用者の声に耳を傾け，その利用状況に細かく目配りして，蔵書構成方針の改訂に生かしていくようにしたい。

２）蔵書構成方針の構築

　児童生徒および教職員のニーズや図書館への期待を踏まえたうえで，各学校図書館の実情に即した蔵書構成方針を策定する。蔵書構成方針は一般的に収集方針と呼ばれる。それぞれの図書館がどのように蔵書構成していくか，収集すべき学校図書館メディアについての考え方を成文化したもので，学校図書館の目的に沿った蔵書全体の構成，管理を行うための具体的指針となる。

　収集方針の基本的な考え方は次節で詳細を述べる。

３）個々の学校図書館メディアの選択

　収集方針に伴って選択基準を定める。選択基準は，個々の情報資源を図書館の蔵書とすべきかどうか判断する際に用いる実務的な基準である。これに基づいて，学校図書館メディアとすべき情報資源を選択する。

詳細は，第6章4節以下で述べる。

4）学校図書館メディアの収集・組織化

　学校図書館に入れるべき情報資源を決めたら，書店または出版社に発注をしたり，市販されていないものは寄贈依頼をしたりする。

　学校図書館に届いた情報資源は，図書館利用者が使いやすいように整理する。利用者が求める学校図書館メディアに速やかにたどり着けるようにしておく工夫が，学校図書館メディアの組織化である。学校図書館メディアの組織化では，目録政策として，目録の詳細レベルや主題索引の詳しさなどを決定し，マニュアルを作成して目録の一貫性を維持する。

　学校図書館メディアの探索に役立つよう，それぞれの情報資源の主たる内容（主題）を記号ないし統制された言葉で表す主題索引法と，書架にない場合も探せるように写しを作って提供する記述目録法がある。詳細は第9〜14章で述べる。

5）蔵書の評価

　情報資源を入れていくばかりでは，書架が溢れてスペースが不足する。また古い情報のままのものは誤った情報を提供することになりかねない。

　よって，情報資源は時間の経過による状況の変化や情報資源そのものの変化（汚破損や劣化等）に対応して，見直しが図られなければならない。収集方針に照らして，現存の情報資源を再評価して，不要になったものは書架から除く（除架）などする必要がある。詳細は8章で解説する。

　蔵書評価の結果は，各情報資源の今後を決めるだけではなく，蔵書構成方針の見直しにも活用する。

3. 蔵書構成方針（収集方針）

　蔵書構成方針とは，先述したように学校図書館の目的に従って作成する運営方針のうち，学校図書館メディアの収集に関わる基本的な考え方を示すものである。収集方針と呼ばれることが多い。

　収集方針は，学校図書館の蔵書コレクションの内容や特徴を学校内外に明示するために役立ち，蔵書に対する質問や批判等があった場合に，どのような理由で収集がなされたのかを示す根拠ともなる。また情報資源を選択する担当者が代わっても蔵書のバランスが崩れないようにするためにも必要不可欠である。

　収集方針は教育委員会によって定められている場合もあるが，策定されていない場合には，収集方針を学校全体で決め，校長以下，全教職員の承諾のもとに，明文化しておく。また明文化した収集方針は，誰でも必要に応じて確認できるように館内掲示したりホームページに掲載するなどしておくとよい。

　収集方針には，学校図書館のめざすところ，学校図書館メディアと知的自由の関連，収集選択の機構と決定に当たる責任の所在，収集する（収集しない）学校図書館メディアの範囲，学校図書館メディア評価の基準，学校図書館メディアの構成の方針（教育課程・目的を達成するために収集すべき重点分野，更新と除架・廃棄，寄贈書，複本，欠本の補充など），児童生徒および教職員からの情報資源要求（リクエスト）と蔵書に対する批判の対処の方法，についての考え方を盛り込む。

　収集方針をインターネットに公開している学校図書館もあるので，収集方針策定の際に参考にするとよい。

　収集方針策定の際に基本的な理念として念頭に置くべきは，学校図書館法，学校図書館ガイドライン，学校図書館憲章，ユネスコ学校図書館

宣言，図書館の自由に関する宣言等である。

　また，文部科学省「学校図書館ガイドライン」の「（2）図書館資料の選定・提供」では，以下が記されている[5]。

・学校は，特色ある学校図書館づくりを推進するとともに，図書館資料の選定が適切に行われるよう，各学校において，明文化された選定の基準を定めるとともに，基準に沿った選定を組織的・計画的に行うよう努めることが望ましい。

・図書館資料の選定等は学校の教育活動の一部として行われるものであり，基準に沿った図書選定を行うための校内組織を整備し，学校組織として選定等を行うよう努めることが望ましい。

・学校は，図書館資料について，教育課程の展開に寄与するという観点から，文学（読み物）やマンガに過度に偏ることなく，自然科学や社会科学等の分野の図書館資料の割合を高めるなど，児童生徒及び教職員のニーズに応じた偏りのない調和のとれた蔵書構成となるよう選定に努めることが望ましい。

・学校図書館は，必要に応じて，公共図書館や他の学校の学校図書館との相互貸借を行うとともに，インターネット等も活用して資料を収集・提供することも有効である。

　なお，この蔵書構成方針（収集方針）には「図書館の自由に関する宣言」に示された精神を基本的な姿勢として盛り込みたい。「図書館の自由に関する宣言」は1954（昭和29）年に日本図書館協会が発表し，1979（昭和54）年に全面改訂したもので，図書館資料の収集の自由，提供の自由，利用者の秘密を守ること，すべての検閲に反対すること，をうたっている[6]。

蔵書構成ならびに個々の情報資源選択にあたっては，特に「資料収集の自由」を念頭においておきたい。メディア選択・収集の自由は守られるべき権利であるとする考え方は，学校図書館の運営においても順守すべきである。

「図書館の自由に関する宣言」（1979（昭和54）年改訂）

第1　図書館は資料収集の自由を有する

1．図書館は，国民の知る自由を保障する機関として，国民のあらゆる資料要求にこたえなければならない。

2．図書館は，自らの責任において作成した収集方針にもとづき資料の選択および収集を行う。その際，

（1）多様な，対立する意見のある問題については，それぞれの観点に立つ資料を幅広く収集する。

（2）著者の思想的，宗教的，党派的立場にとらわれて，その著作を排除することはしない。

（3）図書館員の個人的な関心や好みによって選択をしない。

（4）個人・組織・団体からの圧力や干渉によって収集の自由を放棄したり，紛糾をおそれて自己規制したりはしない。

（5）寄贈資料の受入にあたっても同様である。

　　図書館の収集した資料がどのような思想や主張をもっていようとも，それを図書館および図書館員が支持することを意味するものではない。（略）

第2　図書館は資料提供の自由を有する（略）

第3　図書館は利用者の秘密を守る（略）

第4　図書館はすべての検閲に反対する（略）

収集方針は利用者分析や蔵書評価の結果を得て，こまめに見直しを図

り，必要に応じて改訂する。

4.　選択基準

　学校図書館におけるメディア選択・収集で収集方針と共に必要となるのが，選択基準である。選択基準とは，蔵書構成方針（収集方針）に基づきながら，実際にメディアをどのような評価に従って選び購入していくのかという方針を定めたものである。この選択基準に従いながら，メディアを購入することにより，収集方針に沿う蔵書構成としていくのである。

　学校図書館で，このようなメディアの選択基準が設けられていない場合には，全国学校図書館協議会が制定した「全国学校図書館協議会図書選定基準」を参考にしながら，独自の選択基準を明文化していくと良い[7]。他にも，「全国学校図書館協議会コンピュータ・ソフトウェア選定基準」や「全国学校図書館協議会絵本選定基準」も示されているので参考にされたい[8]。

　選択基準もまた学校教育や社会情勢の変化等に合わせて改訂も検討すべきである。

　以下に，学校図書館メディア選択の際に踏まえておきたいポイントを挙げておこう。

（1）学校図書館図書標準

　学校図書館では，どの程度の数量のメディアが必要であろうか。図書についてそれを設定しているのが，文部科学省（当時文部省1993（平成5）年）による「学校図書館図書標準」（2007（平成19）年に一部改正）（表6-1）である[9]。

　これは，公立義務教育諸学校の学校図書館に整備すべき蔵書の標準で

ある。例えば，小学校18学級であれば，10,360冊，中学校12学級であれば10,720冊，専ら視覚障害者に対する教育を行う特別支援学校（小学部）10学級であれば，3,932冊，専ら聴覚障害者に対する教育を行う特別支援学校（小学部）10学級であれば，3,320冊の図書が必要となる。文部

表6-1　学校図書館図書標準

ア　小学校

学級数	蔵書冊数
1	2,400
2	3,000
3～6	3,000＋520×（学級数－2）
7～12	5,080＋480×（学級数－6）
13～18	7,960＋400×（学級数－12）
19～30	10,360＋200×（学級数－18）
31～	12,760＋120×（学級数－30）

イ　中学校

学級数	蔵書冊数
1～2	4,800
3～6	4,800＋640×（学級数－2）
7～12	7,360＋560×（学級数－6）
13～18	10,720＋480×（学級数－12）
19～30	13,600＋320×（学級数－18）
31～	17,440＋160×（学級数－30）

ウ　特別支援学校（小学部）

学級数	蔵書冊数	
	①専ら視覚障害者に対する教育を行う特別支援学校	②視覚障害者に対する教育を行わない特別支援学校
1	2,400	2,400
2	2,600	2,520
3～6	2,600＋173×（学級数－2）	2,520＋104×（学級数－2）
7～12	3,292＋160×（学級数－6）	2,936＋96×（学級数－6）
13～18	4,252＋133×（学級数－12）	3,512＋80×（学級数－12）
19～30	5,050＋67×（学級数－18）	3,992＋40×（学級数－18）
31～	5,854＋40×（学級数－30）	4,472＋24×（学級数－30）

エ　特別支援学校（中学部）

学級数	蔵書冊数	
	①専ら視覚障害者に対する教育を行う特別支援学校	②視覚障害者に対する教育を行わない特別支援学校
1～2	4,800	4,800
3～6	4,800＋213×（学級数－2）	4,800＋128×（学級数－2）
7～12	5,652＋187×（学級数－6）	5,312＋112×（学級数－6）
13～18	6,774＋160×（学級数－12）	5,984＋96×（学級数－12）
19～30	7,734＋107×（学級数－18）	6,560＋64×（学級数－18）
31～	9,018＋53×（学級数－30）	7,328＋32×（学級数－30）

※視覚障害を含めた複数の障害種別に対応した教育を行う特別支援学校の蔵書冊数については，当該特別支援学校の全学級数をそれぞれの学級数とみなして，①または②の表を適用して得た蔵書冊数を，視覚障害者に対する教育を行う学級の数および視覚障害以外の障害のある生徒に対する教育を行う学級の数により加重平均した蔵書冊数とする（端数があるときは四捨五入）。

科学省では算定早見表を公開しているので，学校図書館の蔵書冊数が充足しているか参考にしてほしい[10]。

　なお，文部科学省は「学校図書館の現状に関する調査」の中で，各自治体の「学校図書館図書標準」の達成状況を報告している。

（2）学校図書館メディア基準

　「学校図書館図書標準」の他に，必要最低限の学校図書館メディアの数量を規定しているのが，全国学校図書館協議会の「学校図書館メディア基準」である。2000（平成12）年3月21日，学校図書館に必要な学校図書館メディアの最低基準を定めて制定されたが，「制定後，20年の節目に当たり，学習指導要領に示されたカリキュラム・マネジメントや

GIGA スクール構想による電子メディアなどにも対応」するため，2021
（令和 3）年 4 月 1 日に改訂された。「今回の改訂では，学習活動に活用
できる学校図書館の機能を発揮するのに必要な基準を示すことにした」
としている。

「学校図書館メディア基準」2021年改訂版[11]では，小学校，中学校だ
けでなく，高等学校や中等教育学校の学校図書館についても示し，かつ
図書の冊数以外にも，新聞や雑誌，視聴覚メディア，電子メディア（ア
プリ，Web サイト，動画サイト，データベース，パッケージソフト，電
子書籍，デジタル絵本，DAISY 等）を対象に数量基準数を定めている。

表 6-2 は「学校図書館メディア基準」2021年改訂版で必要とされる
図書の冊数である。

「学校図書館図書標準」と「学校図書館メディア基準」では，必要と
する図書の冊数が大きく異なっている。学校図書館の蔵書冊数は，「学

表 6-2　学校図書館メディア基準（2021年改訂版）が定める図書の冊数

学級数	小学校	中学校	高等学校	備考
1〜6	15,000	20,000	30,000	
7〜12	$15,000 + 700 \times A$	$20,000 + 800 \times A$	$30,000 + 900 \times A$	A = 6 をこえた学級数
13〜18	$19,200 + 600 \times B$	$24,800 + 700 \times B$	$35,400 + 800 \times B$	B = 12をこえた学級数
19〜24	$22,800 + 500 \times C$	$29,000 + 600 \times C$	$40,200 + 700 \times C$	C = 18をこえた学級数
25〜30	$25,800 + 400 \times D$	$32,600 + 500 \times D$	$43,800 + 600 \times D$	D = 24をこえた学級数
31以上	$28,200 + 300 \times E$	$35,600 + 400 \times E$	$47,400 + 500 \times E$	E = 30をこえた学級数

校図書館メディア基準」に近づけるよう努力が必要となる。

（3）配分比率

　学校図書館に求められている「読書センター」機能，「学習センター」機能，「情報センター」機能を果たすためには，さまざまな学校図書館メディアを揃えつつ，各類バランスの良い蔵書構成を考える必要がある。例えば，全国学校図書館協議会では「学校図書館メディア基準」2021年改訂版の中で，蔵書の配分比率として，以下を設定している[12]（表6-3）。

１）標準配分比率

　蔵書の配分比率は，冊数比とし，次の数値を標準とする。義務教育学校，中等教育学校については対応する校種の標準配分比率を準用する。

２）配分比率の運用

　配分比率の運用には，次の事項を考慮する。

・教育課程，地域の実情等を考慮する。

・絵本，まんがは，主題をもとに，分類する。

・特別支援学校は，各校の実情に応じる。

・専門教育を行う学科またはコースを有する高等学校・中等教育学校は，その専門領域の図書の配分比率について考慮をする。

　学校図書館では，それぞれの学校教育の特色を踏まえながら，一部の類に偏ることのないように，配分比率を考慮しなくてはならない。

表6-3　蔵書の配分比率

	0総記	1哲学	2歴史	3社会科学	4自然科学	5技術	6産業	7芸術	8言語	9文学	合計
小学校	6	3	16	10	16	6	5	8	5	25	100%
中学校	6	5	16	10	15	6	5	8	6	23	100%
高等学校	7	7	16	12	14	6	4	8	7	19	100%

表6-4　雑誌の最低基準数（タイトル）

学級数	小学校	中学校	高等学校
1～12	10	15	20
13以上	15	20	25

（4）新聞・雑誌の収集について

　新聞の購読紙数について，「学校図書館メディア基準」2021年改訂版
では，「学級数にかかわらず，小学校6紙，中学校8紙，高等学校10紙
を最低基準とする。購読部数については，数量基準を定めない」として
いる。

　また，雑誌の最低基準数（タイトル）については，表6-4のように
定めている。

（5）視聴覚メディア・電子資料

　視聴覚メディア（CD，DVD等，専用の再生装置（視聴覚機器）が必
要なもの）についての「学校図書館メディア基準」2021年改訂版での最
低基準は，以下のとおりである（表6-5）。

表6-5　視聴覚メディアの最低基準数（枚）

学級数	小学校	中学校	高等学校	備考
1～6	200	300	400	
7～12	$200+22 \times A$	$300+24 \times A$	$400+26 \times A$	A = 6　をこえた学級数
13～18	$332+20 \times B$	$444+22 \times B$	$556+24 \times B$	B = 12　をこえた学級数
19～24	$452+18 \times C$	$576+20 \times C$	$700+22 \times C$	C = 18　をこえた学級数
25～30	$560+16 \times D$	$684+18 \times D$	$832+20 \times D$	D = 24　をこえた学級数
31以上	$656+14 \times E$	$792+16 \times E$	$952+18 \times E$	E = 30　をこえた学級数

表 6-6　電子メディア数量基準数（件）

学級数	小学校	中学校	高等学校	備考	
1 ～ 6	1,500	2,000	3,000		
7 ～12	$1,500 + 70 \times A$	$2,000 + 80 \times A$	$3,000 + 90 \times A$	$A = 6$	をこえた学級数
13～18	$1,920 + 60 \times B$	$2,480 + 70 \times B$	$3,540 + 80 \times B$	$B = 12$	をこえた学級数
19～24	$2,280 + 50 \times C$	$2,900 + 60 \times C$	$4,020 + 70 \times C$	$C = 18$	をこえた学級数
25～30	$2,580 + 40 \times D$	$3,260 + 50 \times D$	$4,380 + 60 \times D$	$D = 24$	をこえた学級数
31以上	$2,820 + 30 \times E$	$3,560 + 40 \times E$	$4,740 + 50 \times E$	$E = 30$	をこえた学級数

　また，電子メディア（アプリ，Web サイト，動画サイト，データベース，パッケージソフト，電子書籍，デジタル絵本，DAISY 等）を対象にした数量基準数も表 6-6 のように定めている。

　なお，「学校図書館メディア基準」2021年改訂版では，運用に関して，以下のように更新等についても規定している。

1．蔵書の最低基準冊数に達していない場合には，10年間を目途に整備を図る。
2．特別支援学校においては，それぞれの校種別基準を準用するものとする。また，障害に応じて特に必要とする領域のメディアについては，考慮をする。特別支援学級を設置する学校においても同様とする。
3．専門教育を行う学科またはコースを有する高等学校・中等教育学校・義務教育学校は，その専門領域に必要とするメディアの冊数またはタイトル数を最低基準冊数または最低基準タイトル数に加える。
4．蔵書の構成にあたっては，配分比率とともに，各学年の発達段

階を考慮するものとする。特に小学校にあっては，1，2学年向
けの図書を蔵書の1/3を目安に確保することが望ましい。

5．印刷メディア，視聴覚メディアは10年間，電子メディアは3年
間を目途に更新を図る。

6．学校図書館の機能を十分に発揮するためには，中核となる地域
の学校図書館支援センターの創設，地域の学校図書館・公共図書
館や資料館等を相互に結ぶネットワークの組織化を行い，メディ
アの共有，相互利用を積極的に進める必要がある。

　学校図書館メディアはただ単にこの基準の数を満たせば良いというも
のではなく，上にもあるように，適宜不必要な学校図書館メディアの除
籍を行って更新を図る必要がある。除籍については，8章で取り上げる。

（6）要求論と価値論

　学校図書館におけるメディアの選択では，「要求論」と「価値論」と
いう考え方がある。「要求論」とは，利用者の要求を基準とする考え方
である。これに対して，「価値論」とは必ずしも利用者からの要求があ
るわけではないが，情報資源自体の価値を重んじて収集するという考え
方である。

　例えば，「要求論」は児童生徒や教職員等からの学校図書館メディア
購入のリクエストとして受け付けることも可能である。ただし，「要求
論」ばかりに重点を置いた選書を行うと，予算的に学校教育で活用する
情報資源の購入が難しくなる場合や，学校図書館の収集方針に見合わな
くなり，教育の一助となるべき機関としての機能が果たせなくなる場合
もある。一方，「価値論」ばかりの選書では，児童生徒が学校図書館か
ら遠のいてしまう可能性もある。「要求論」と「価値論」のバランスを

見ながら学校図書館メディアの選択を行う必要がある。

5. 学校図書館メディア選択の実際

　学校図書館メディアの選択基準は，偏った意見で方針が決定されることがないように，司書教諭が校長以下全教職員，児童生徒等の意見を反映させながら職員会議の追認を受けるなどの合議を経て決定されるべきである。明文化された選択基準はいつでも学校図書館で閲覧できるようにしておくことが望ましい。

　学校図書館メディアの選択の際には，司書教諭以外にも，学校司書，係教諭（校務分掌としての図書係），各教科・各学年代表の教職員等を加えたメディア選択委員会を設け，合議による選書の体制を整えるべきである。なお，メディアの流通スピードは非常に速く機会を逃すと購入が難しくなることもあるため，1年に数回の選択委員会の開催を行うことが望ましい。

　蔵書構成方針（収集方針），選択基準と予算に従い，学校図書館メディアの選択，購入にあたるが，例えば辞典類であれば，冊子体にするか，CD-ROM版やDVD-ROM版にするか，インターネットによるデータベースの契約にするのかといった細かな選択も必要となる。また，文学作品であれば，単行本か文庫本か，または電子書籍かといった選択も必要となる。

　このような詳細な選択は，利用対象者の発達段階，メディアの管理環境（書架スペースやコンピュータの配備状況，タブレット端末の導入状況等），学校図書館の利用状況などを踏まえて決定しなければならない。

　学校図書館における「読書センター」機能，「学習センター」機能，「情報センター」機能の活性化のためには，予算制約の中での効果的な収集を心掛け，中長期，単年度の収集計画を立てながら，児童生徒数に合わ

せた複本購入も検討する必要がある。さらに，特別な支援が必要な児童生徒や外国語を母語とする児童生徒等の多様なニーズに対応した情報資源の収集・選択にも目配りを忘れてはならない。なお，予算や収納スペース等の問題により購入が難しい場合には，地域の公立図書館等との連携・活用も考慮する。

6. 学校図書館メディア選択の方法

　メディアの選択には，直接選択と間接選択という方法がある。

　直接選択とは，メディアを実際に手に取り確認し，購入の判断をする方法である。直接選択には2つの方法があり，契約している書店や取次から学校図書館に情報資源を持ち込んでもらい選択をする方法（見計らい）と，書店や取次に出向いて情報資源を選択する方法がある。見計らいの際には，契約や取り決めによってあらかじめ主題範囲等を決めてお

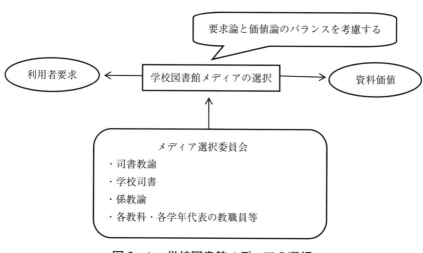

図6-1　学校図書館メディアの選択

く必要がある。一般的には，持ち込まれる情報資源の大半は新刊図書となる。また，書店や取次が近くにあれば直接出向いて情報資源の選択を行う場合もある。可能であればブックフェア等の大型イベントも活用したい。

　一方の間接選択は出版物リスト・パンフレット，書評など各種選書ツールをもとに行う選択である。

　直接選択，間接選択の双方にメリットとデメリットがある。直接選択のメリットは，実物を手にとって総合的に判断することが可能である点，実物が確保されているので，改めて発注をする必要がなく，すぐに納品される点である。デメリットは，その時にあった情報資源や，持ち込まれた情報資源だけが選択の対象となり網羅性に欠ける可能性がある点である。書店等に出向く場合は時間がかかる点もデメリットとなる。

　一方，間接選択のメリットは，網羅性があり，特定主題の情報資源を選択しやすい点，時間や場所の制約がない点である。デメリットは，情報資源の詳細な内容や雰囲気が購入するまでわからない点，選択から納入までに時間がかかる点，品切れ等で納入されない可能性もある点である。

　直接選択と間接選択を取り入れながら学校図書館メディアの選択に当たるのが理想的といえる。また間接選択の場合には，可能であれば公立図書館や書店等で中身の確認を行うようにするとよい。そして学校図書館メディアの選択が完了すれば，次に契約業者に発注を行う。

　なお，雑誌や新聞等の逐次刊行物については，年間での購読契約を行い刊行の都度納品をしてもらう。

　また，インターネットを介した電子書籍やデータベース等の契約については，個々の学校で業者と契約する場合や教育委員会等が業者と契約する場合もある。契約については，買い切り制，回数制限，読み放題

制等もあるが，利用者数やライセンス数（同時にアクセスできるアカウント数）により料金も異なるため，慎重に契約を行う必要がある。

注・参考文献

1　朝日新聞「書店ゼロの自治体，２割強に」トーハンの資料より。朝日新聞2017年８月24日朝刊１面。

2　中瀬大樹「公立図書館における書籍の貸出が売り上げに与える影響について」2012. http://www3.grips.ac.jp/~ip/pdf/paper2011/MJI11004nakase_abst.pdf

3　ランガナタン著，森耕一監訳『図書館学の五法則』日本図書館協会，1981. p.27-78

4　前川恒雄『われらの図書館』筑摩書房，1987. p.93

5　文部科学省「別添1　学校図書館ガイドライン」https://www.mext.go.jp/a_menu/shotou/dokusho/link/1380599.htm（確認2020.12.13）

6　この図書館の基本姿勢を利用者である児童生徒にもわかりやすい言葉で伝えている事例がある。（岡山市立宇野小学校「図書館のちかい」（岡山市立岡北中学校）出典：竹内悊『図書館のめざすもの』新版，日本図書館協会，2014. p.68-70）

7　全国学校図書館協議会「図書選定基準」https://www.j-sla.or.jp/material/kijun/post-34.html（確認2020.12.13）

8　全国学校図書館協議会「全国学校図書館協議会コンピュータ・ソフトウェア選定基準」https://www.j-sla.or.jp/material/kijun/post-39.html（確認2020.12.13）全国学校図書館協議会「全国学校図書館協議会絵本選定基準」https://www.j-sla.or.jp/material/kijun/post-82.html（確認2020.12.13）

9　文部科学省「学校図書館図書標準」https://www.mext.go.jp/a_menu/sports/dokusyo/hourei/cont_001/016.htm（確認2020.12.13）文部科学省「特別支援学校制度の創設に伴う「学校図書館図書標準」の改正について（通知）19文科初第1272号，平成19年４月２日」

10　文部科学省「学校図書館図書標準　算定早見表」https://www.mext.go.jp/a_menu/shotou/dokusho/link/080617/006.pdf（確認2020.12.13）

11　全国学校図書館協議会「学校図書館メディア基準」2021年 4 月 1 日改訂
　　https://www.j-sla.or.jp/material/kijun/post-37.html（確認2021.9.28）
12　前掲11

7 | 学校図書館メディアの組織化の 意義とプロセス

米谷優子・川瀬綾子

《目標＆ポイント》 選択した情報資源を，学校図書館の蔵書として受け入れ，利用に供するまでの「組織化」の意義とそのプロセスを確認する。
《キーワード》 情報資源組織化，受入，目録作業，主題索引法，記述目録法，装備，配架，所在記号，主題別分類順配架，別置，サイン計画

1. 情報資源組織化の意義

　購入や寄贈が決定した学校図書館メディアは，どのように管理すれば利用者である児童生徒，教職員等が探しやすくなるのだろうか。そこで，次に情報資源組織化という業務が必要となる。情報資源組織化とは6章で述べたように，利用者が求める学校図書館メディアに速やかにたどり着けるようにしておく，管理上の工夫であり，各情報資源の主たる内容（主題）を記号ないし統制された言葉で表したり，情報資源の目録を提供する作業をいう。

　学校図書館程度の規模であれば，学校図書館メディアそのものを種類ごとに主題別に配架した書架を確認しながらブラウジング（browsing）することで，情報資源の探索には事足りると思われるかもしれない。ブラウジングとは，図書等の情報資源の背に書かれたタイトルや著者名等を何とはなしに見て回りながら，気になる情報資源を手に取って，中身をざっと見てみたり目次や前書き，著者紹介などを読んでみたりするこ

とをいう。内容の似た情報資源が近寄って配架されていれば，求める
テーマと同種の情報資源を容易に見つけることができる。またブラウジ
ングでは，予想外の情報資源を発見する偶然も期待できる。

　しかし，これだけでは著者名やタイトルからのアプローチには対応で
きないし，貸出中の情報資源，書庫にある情報資源，複数主題の情報資
源などは，漏れなく探すことは難しい。また，学校内の学級文庫，教科
職員室など学校図書館外に配置している学校図書館メディアを探すこと
も困難を伴う。そこで，各学校図書館メディアの著者名，タイトル，主
題等から検索ができるように目録を作成し提供する必要がある。

　学校図書館法は，第2条において「図書，視聴覚教育の資料その他学
校教育に必要な資料（以下「図書館資料」という）を収集し，整理し，
及び保存し，これを児童及び教員の利用に供する」と記している。また，
同法第4条2項では，「図書館資料の分類排列を適切にし，及びその目
録を整備すること。」と述べている[1]。

　また，文部科学省による「学校図書館ガイドライン」の「3図書館資
料の整理・配架」においても，以下のように情報資源組織化業務につい
て明記している[2]。

　　学校は，図書館資料について，児童生徒及び教職員がこれを有効
　に利活用できるように原則として日本十進分類法（NDC）により
　整理し，開架式により，配架するよう努めることが望ましい。
　　図書館資料を整理し，利用者の利便性を高めるために，目録を整
　備し，蔵書のデータベース化を図り，貸出し・返却手続及び統計作
　業等を迅速に行えるよう努めることが望ましい。また，地域内の学
　校図書館において同一の蔵書管理システムを導入し，ネットワーク
　化を図ることも有効である。

館内の配架地図や館内のサイン，書架の見出しを設置するなど，児童生徒が自ら資料を探すことができるように配慮・工夫することや，季節や学習内容に応じた掲示・展示やコーナーの設置などにより，児童生徒の読書意欲の喚起，調べ学習や探究的な学習に資するように配慮・工夫するよう努めることが望ましい。また，学校図書館に，模型や実物，児童生徒の作品等の学習成果物を掲示・展示することも有効である。

学校図書館の充実が基本であるが，児童生徒が気軽に利活用できるよう，図書館資料の一部を学級文庫等に分散配架することも有効である。なお，分散配架した図書も学校図書館の図書館資料に含まれるものであり，学校図書館運営の一環として管理するよう努めることが望ましい。

利用者を必要とする情報資源に導くには，学校図書館メディアを分類，配架したり，目録を作成したりしなくてはならない。この情報資源組織化を正確に行ってこそ，必要とする学校図書館メディアをスムーズに探せたり，探究的な学習，レファレンスサービス，読書案内への対応等が可能となる。

2. 学校図書館メディア組織化のプロセス

学校図書館メディアの組織化のプロセスは，受入業務に始まって，目録作業，装備を経て配架までの流れとなる。

（1）受入

図書館が選択した情報資源を蔵書として受け入れる最初の作業が「受入（うけいれ）」である。情報資源を迅速かつ確実に入手し，蔵書として管理するた

めの記録を作成する工程である。

1）重複調査・書誌調査

　選択作業で図書館の蔵書に入れると決定した情報資源について，まず重複調査を行って，注文しようとする情報資源がすでにある蔵書と重複しないか確認する。発注中の情報資源とも重複しないよう気をつける。

　次に書誌調査をして，タイトル・著者・出版者・出版年・版・標準番号など，発注に必要な正確な書誌情報を確認する。

2）注文・寄贈依頼等

　書誌情報が確定すれば，注文書を作成して書店または版元や取次に発注する。市販されていないものは寄贈依頼をする。

　なお，学校図書館メディアは購入や寄贈依頼によって入手する以外にも教職員や保護者，団体等による寄贈資料を受け入れることもある。ただし，寄贈の場合，蔵書構成方針ならびに選択基準と照合して，合致するものだけを受け入れるようにする。

　さらに，消耗品として受け入れた雑誌等のメディアを製本して備品として改めて受け入れ直す「編入」，学校図書館以外の部署が管理していたメディアを学校図書館の管理責任のもとに移籍する「保管転換（移籍）」，利用上もしくは管理上の便宜のために，メディアを合冊または分冊し改めて受け入れる「数量更正」などもある[3]。

3）検収

　書店や取次へ発注した情報資源が納品された際には，検収作業が必要となる。具体的には，納品されたメディアが発注したものかの確認と，納品されたメディアの品質の確認，未納の有無の確認である。注文書の控えや納品書と納品されたメディアを照合しながら，汚破損，不備，乱丁（ページの順が乱れていること）や落丁（ページが抜け落ちていること）がないか，付録があるメディアは付録が不足していないか等を確認

する。同一タイトルの図書であっても，版が異なっていたり，形態が異なっていたりする場合もあるので注意を要する。また，視聴覚メディアであれば試聴して品質を確認する必要もある。

　そして，確認が完了した後に，納品業者への会計処理を行う。情報資源の形態や金額等により費用の種目が備品扱いや消耗品扱い等と異なることもあるため，注意を払い慎重に手続きをする。

4）登録

　納品・検収，会計処理が終わった情報資源は，次に登録作業を行う。学校図書館で収集を決定した情報資源を会計上や管理上の必要により，学校図書館総合システムに登録する作業である（未導入の場合は，エクセル等を用いた図書原簿を作成する）。

　メディアを購入する場合，予算執行が絡むため，慎重に処理する必要がある。学校図書館では記録を残し，学校図書館メディアの管理の過程や経理を明確にしなくてはならない。

　学校図書館メディアの管理のために，情報資源を備品と消耗品に分けたうえで，備品扱いのものは著者名，タイトルや出版者名，出版年等の書誌データ，購入年月日，登録番号，受入れ価格，受入れ先，予算の出所等を記録しておく。この作業は購入した学校図書館メディアだけでなく，寄贈された情報資源にも財産的価値が生じるため，学校図書館総合システムや図書原簿による記録は必須となる。消耗品扱いの雑誌の場合は，受入記録（チェックイン）を取る。

　学校図書館メディアを学校図書館総合システムで管理している場合には，学校図書館総合システムにより記録の管理が可能であるので，図書原簿を別個に作る必要はないが，学校によっては年度ごとに印刷して保存することもある。

　寄贈されたメディアの価格は，定価がわかれば定価を記録する。不明

の際は世間的な相場で評価して，概算価格を記入する場合や，1円と記入する場合もあるので，学校や教育委員会等に確認を要する。

（2）目録作業

　情報資源組織化の目録作業は，大きく記述目録法と主題索引法に分けることができる。

　記述目録法とは，情報資源の所蔵の有無や所在を確認する手がかりとなるよう，情報資源の著者名やタイトル等の記録（書誌データ）や所在のデータを作成し整備することである。書誌データは，物理的な情報資源の代替物として利用されるため，情報資源の識別のために正確かつ各種方面から検索ができるようにしなくてはならない。具体的な方法は12〜14章で解説する。

　また，主題索引法とは，情報資源が持つ主題について，その標準的な主題索引ツールに基づいて，主題を分析し，索引を付与することである。主題索引法では，学校図書館メディアを主題分野により分類し分類記号を付与する作業と，主題を把握して件名標目を付与し，目録に記録する作業がある。具体的な方法は第9〜11章で解説する。

（3）装備

　情報資源の受入れ，記録が完了すれば，次に学校図書館メディアとして利用できるように装備を行う。

　装備の手順は以下の通りである。

・各情報資源が学校図書館の蔵書であることを示すための蔵書印（学校図書館名，受入年月日，登録番号）を所定位置に押印する。

・図書や雑誌，視聴覚資料には，メディア管理番号のバーコードまたはICタグ[4]を所定位置に貼付する（学校図書館名が入ったバーコー

ドシールまたは IC タグを貼付することで，上記の蔵書印押印を省
略することもある)。

- ・図書や視聴覚資料には，所在記号を記載したラベルを背などに貼付
  する。なお，館外貸出をしないものには，禁帯出シールまたは館内
  シールを貼付する。
- ・図書は保護のために透明のブックカバーフィルムを掛ける。ブック
  カバー（ジャケット）はなるべくつけたままフィルムコートする。
  見返しに図などがあるときはそれが見られるように，フィルム掛け
  の際に配慮する。帯はフィルムを掛ける際には取り外すが，切り
  取って見返し等に貼付することもある。
- ・付録がある場合は取り外すか，ポケットを付けて封入しておく。
- ・BDS（ブックディテクションシステム）用の磁気テープを装着す
  る。
  （バーコードの代わりに IC タグを用いると，磁気テープの役割も
  持たせることができる）

なお，納品業者との契約により装備を施して目録用の書誌データと共
に納品をしてくれる場合もある。その際にはどこまで装備をしてもらう
のか取り決めが必要となり，納品時には間違いがないか等の確認も必要
である。

（4）配架

装備が完成すれば，次は配架作業である。配架（Shelving）とは，書
架に図書館情報資源を配列順序に従って並べて置くことをいう。排架と
表すこともある。

情報資源の配架方法としては，受入順，主題別，タイトルの五十音順，
著者の五十音順，などが考えられる。

　学校図書館メディアの中で最も量的に多い図書の場合，受入順の配架
は，書架の用意が最小限で済むという利点はあるものの，利用者のわか
りやすさの点で劣ることは明白であろう。タイトル順，著者名順の場合，
それぞれ目的の情報資源のタイトルや著者名を正確に知らない場合はや
はり探しにくい。実際の利用でそのような場合が少なくないことから考
えても，タイトル順，著者名順の配架は実用的とはいえない。

　情報資源を探すのに最も多いのは，ある事柄について，など情報資源
が扱っている内容という側面から探す場合であろう。

　よって，学校図書館メディアは，その情報資源が扱っている内容つま
り，主題によって分けて並べておくのが，利用者にとってわかりやすい
ということになる。主題別に情報資源が並んでいると，特に明確な目的
を持たなくても興味ある主題の書架間の通路に入って，書架上に並ぶ情
報資源の背見出しをながめたり，思うがままに手にとって拾い読みする
（ブラウジング）だけでも，結果として求める情報資源との出会いが得
られやすい。

　したがって，情報資源は，主題索引作業で付与された分類記号の順に
配架することを原則とする（主題別分類順配架）。

　学校図書館ガイドラインも，学校図書館メディアの配列について「学
校は，図書館資料について，児童生徒及び教職員がこれを有効に利活用
できるように原則として日本十進分類法（NDC）により整理し，開架
式により，配架するよう努めることが望ましい」と明記している。開架
式とは，利用者が直接書架に接してメディアを選ぶことができる方式を
指す。一方，利用者が入室できない書庫で図書館メディアを管理する方
式を閉架式という。閉架式で図書館メディアを利用するには，目録を検
索し図書館員に書庫からの出納を請求することが必要となる。閉架式に
は図書館メディアの紛失や配列の乱れが少ない等の利点はあるが，現代

の図書館では，ブラウジングのもたらす効果の上からも，開架式が積極的に勧められている。

配架の詳細は次節で解説する。

3. 配架とサイン計画

(1) 所在記号

「2. 学校図書館メディア組織化のプロセス」で示した通り，各学校図書館メディアには主題索引法によって付与された，主題や形式を表す分類記号，そして図書記号，巻冊記号から成る所在記号（Location Number）のラベル

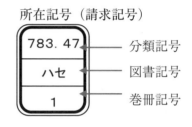

所在記号（請求記号）

783.47 ─── 分類記号
ハセ ─── 図書記号
1 ─── 巻冊記号

を貼付して，所在場所を示す。所在記号は，請求記号（Call Number）[5]といわれることもある。

通常，所在記号を示すラベルは3段で，1段目に分類記号，2段目に図書記号，3段目に巻冊記号を記入する。2段の場合は，分類記号と図書記号を記す。公立図書館等では分類記号と図書記号を横に続けて1段に記したラベルもよく使用されている。

1段目の分類記号は書架分類を記し，これを配架の第一基準とする。分類記号は，学校図書館では3桁でよいが，3桁だと同じ分類記号の情報資源が多くなりすぎる場合は，必要に応じて4桁・5桁まで付与するとよい（上の例では，783（球技）では，あらゆる球技が同じ記号になって探しにくくなるため，5桁目まで付与してサッカーが主題であることを示し，野球（分類記号783.7）など他の球技と分けている）。

2段目に図書記号を記す。図書記号は，同じ分類記号の情報資源の配列順序を決めるためのものである。著者の姓の頭文字の最初の1〜3文

字を用いることが多く，その場合は著者記号とも称される。カタカナ・
ひらがなのほか，アルファベットを用いる方法もあるが，児童生徒の発
達段階を考えて対応したい。

　図書記号は絶対的に著者名でとらなくてはならないというものではな
く，個人伝記の場合は書かれた対象（被伝者）で図書記号をとることが
NDC においても推奨されている。全集等のセットものの場合は，その
セット（シリーズ）のタイトルの頭文字を図書記号にすればそれに属す
るものを 1 か所に集めることができる。また，タイトルから探すことが
多いと考えられる絵本はタイトルで図書記号をとっている図書館もある
（ただし同一著者の絵本が離れてしまうデメリットも考えておく必要が
ある）。児童生徒の探しやすさを一番に考えて決定し，図書館内で明文
化したルールとして適用の一貫性を維持すると共に，利用者にもそれを
明示しておくことが大切である。

　3 段目の巻冊記号には，シリーズものの巻号の番号を入れたり，年
鑑・統計の年代を入れたりして使用する。

　ラベル貼付の際には，ラベルの位置を揃える（背の下から1.5cm など）
と，見た目も整い，探しやすくなる。ただし，情報資源の主要な部分を
ラベルで隠してしまわないよう気をつけたい。

　さまざまな色の枠のラベルを用意しているメーカーもあるので，第 1
次区分ごとに色分けしたラベルを用いる工夫もできる。色分けしたラベ
ルは，誤って配架されているときに目につきやすく，数字を読むことに
慣れていない低学年の児童でもわかりやすいという利点がある。

（2）主題別分類順配架

　装備が完了した学校図書館メディアは，種類別に，所在記号の順に，
書架の上段の左から右へ並べ，側板まで行けば次の段に移る，という方

法で配架する（図7-1）。所在記号の順に従って配架することで，学校
図書館メディアが主題別に並ぶことになる。これを主題別分類順配架と
いう。分類記号が同じ場合は，同じ著者の著書が一箇所に集まるように
図書記号（著者記号）の順で配架する（図7-2）。この配架法をとるこ
とで，開架式の図書館で利用者自身が求める情報資源を探しやすくな
る。

　分類記号表示板を分類記号ごとに挟み，同じ分類記号の情報資源が多
い場合は，さらに著者記号表示板を適切な箇所に入れて，利用者が求め
る情報資源に速やかにたどり着けるようにする。

　情報資源は取り出しやすさや保全等の面からも書架には詰め込んだり
せず，余裕をもって並べる。また，図書館運営の中で，学校図書館メディ
アは日々追加されるため，通常は80％程度の密度が望ましい。

　図書館では一般的に6段の書架が用いられるが，小学校では，可能な
限り最上段は棚見出しに用いて情報資源を配架しないようにするなどし
て，基本的に児童生徒が自分で見て手に取れる範囲に置くようにする。

　参考図書は低い書架に配架すると，大部の図書を棚の上で参照するこ
とができる。

　書架は配架場所がスムーズに理解できるよう，所在記号順に時計回り
を原則として，配置場所を決める。書架の最下段まで均等な明るさが得
られるように照明を整えること，書架間の通路は車いすの通行が可能な
幅を確保すること，などにも配慮したい。

　なお，書架には図書の背の部分と背ラベルが見えるように配架するの
が一般的であるが，表紙をみせて配架する方法もある。これをフェイス
アウト（面展示・面出し）という。絵本用に専用棚が作られている。一
般図書でも，凝った表紙の図書や注意を引きたい場合はイーゼルに立て
かけて表紙を見せたり，数段あるうちの1つの棚を斜めにしてフェイス

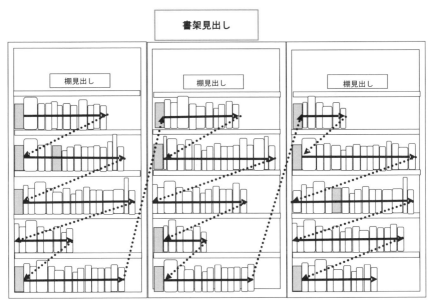

図7-1　書架上の図書資料の並べ方と書架案内

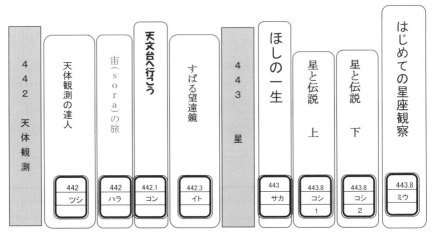

図7-2　図書の分類順配架

アウトで配架したりすることができる。すべての図書をこの方法で配架することはできないが，表紙を見せて配架すると，それまで手に取られなかった図書が急に注目されるようになることもあるので，配架法として効果的に活用したい。

雑誌は雑誌専用の書架にタイトル順に配架するが，雑誌の種類が多岐に渡る場合には，主題ごとに並べてからタイトル順に配架すると探しやすくなる。また，雑誌の最新号は表紙が見えるようにして配架する。なお，探究的な学習でよく用いる雑誌は，目次のコピーをとって，ファイルしておくと，テーマで記事を探すときに役立つ。必要な場合は雑誌記事について，記事タイトル，著者，掲載雑誌名，出版者，巻号，年月，掲載ページの情報をとって索引とし，キーワードや件名を付与して，記事索引のデータファイルにデータを格納しておくとよい。

CD や DVD 等の視聴覚メディアも同様に，専用の書架に主題やタイトル順に配架する。

パンフレットやリーフレット等も主題により分類してからインフォメーションファイルとしてファイリングし，管理を行う。

なお，情報資源を劣化させる要因として，不適切な利用による汚破損と，光や温度・湿度等が挙げられる。

前者に関しては，利用者にていねいな扱いや飲食の禁止を呼びかけることが必要だが，図書館側でも書架に無理やり情報資源を詰め込んだりしないこと，すべての情報資源が背を前面にして垂直に立つように適切なサイズの書架を用意すること，ブックエンドをこまめに使うことなどに留意する。

後者に関しては，直射日光やほこり，湿気などの影響を極力低減するように配架を計画する際から配慮することが重要である。特に日光が直接当たると，インクや紙が傷む原因となる。窓からの光が直接情報資源

に当たらないように書架の向きを考慮するとともに，カーテンやブラインドを活用し，UVカットのフィルムを利用するなど積極的な予防策を考えたい。湿気はカビの原因となるため除湿に心がけ，結露等の影響が少なくなるよう書架の配置にも留意する。ほこりもカビの原因となるので，こまめに清掃する。

　加えて，自然災害に備えることも肝要である。地震による落下，水害，火災などに備えて書籍落下防止装置，転倒防止装置を施しておく。書架が転倒したり動いたりしないよう固定することが基本である。高い書架の最上段にはなるべく情報資源を配架しないことも地震対策となる。落下防止シートや落下防止テープを棚板に貼ることは比較的安価でできるので，対応を考えておきたい。

（3）別置
1）別置法

　学校図書館メディアは，通常，主題別分類順に配架するが，情報資源の物的形態，利用対象，利用方法，管理等の側面から，通常の配架から別扱いとするほうがよい情報資源がある。また，一時的に別置して注意を向けたいものもある。

　一時的に別置する情報資源としては，新着の情報資源，テーマ展示の情報資源，学習活動で一定期間必要なテーマに関する情報資源（例えば，公害について調べる授業を実施している場合の「公害」をテーマとする図書，雑誌の特集号，DVD，パンフレット等）などがある。いずれも一定期間，本来の分類順配架からはずして，それぞれ特定した棚やブックトラック等に置く。学習活動で必要な情報資源の場合は一時的に貸出禁止とすることもある。いずれも情報資源の背などに一時的にカラーシールを貼付したり，リストを作成しておいて，利用後も期間中は特定

の棚に戻せるようにする。ただし，期間が過ぎれば，シールを取り去って本来の分類順の棚に入れ込む。

　一方，恒久的に別置とする情報資源には，具体的には，以下のものがある。

　　　形態から　→　文庫本，新書，大型本，地図，紙芝居，視聴覚資料，
　　　　　　　　　　　雑誌・新聞，博物資料，点字資料，大活字本など
　　　利用方法　→　参考図書（閲覧中心　貸出しない）
　　　資料内容　→　郷土資料・地域資料，学校資料
　　　資料の量から　→　現代日本の小説・エッセイ，絵本，漫画本など
　　　利用対象から　→　教職員向け資料
　　　管理面　→　貴重書，書庫資料（古い資料など）

　情報資源はメディアの種類で分けるのが第一だが，例えば同じ図書でも奥行きも高さも小さい文庫本を他の一般書と同じ書架に入れると，文庫本が奥に入ってしまって図書の背文字が見にくくなる。文庫本ばかりを集めれば，探しにくくなることを防ぐことができる。加えて，書架の段を増やすことが可能になって収蔵力が増す。同様の理由で，大型本はそればかりを集めて別の書架に配架することにすれば，通常の棚のデッドスペースが少なくなり，効率的な書架の使い方ができる（大型本を小さい書架に向きをかえて配架するのは，書架からはみ出した部分が危険で，ぶつかったりして図書を傷めることにもなるので避けたい）。文庫本や大型本はそれぞれの資料群の中で分類順に配架する。

　また，その場で調べたい箇所だけ参照する参考図書は，そればかりを集めた中で分類順になっているほうが利用者には探しやすい。

　地域資料や学校資料はその目的からやはり１か所に集まっているほうが利用しやすい。

　加えて現代日本の小説やエッセイなど，他の分野と比べて極端に資料の量が多い場合も，別置法を採るほうが利用しやすくなる。絵本や漫画本も本来の分類順配架から離れて別置するほうが利用しやすい。

　利用対象を教職員に限定した資料も，児童生徒が利用する開架の書棚とは別にするほうがよい[6]。

　その他学校図書館の規模や資料の状況を考慮して，別置するものを各図書館で決める。

　別置した場合は，館内案内図等で示すとともに，主題別分類順配架されている本来の分類記号の書架に別置の棚への案内を明記し，速やかに別置の書架に移動できるようにすることが大切である。

2）別置の明示法

　別置する資料は，ラベルを見るだけでそれとわかるようにする必要がある。

　よく行われているのは，分類記号に別置記号を冠する方法である。

　参考図書にはR（Reference），大型図書　L（Large），文庫本　B（Bunko）をそれぞれの分類記号の前に記す。

　また，現代日本の小説や絵本・漫画本ではそれぞれの分類記号を別の記号に置き換える方法が用いられることが多い。

　　現代日本の小説　　　913.6　→F（Fiction）
　　現代日本のエッセイ（随筆）914.6　→E
　　絵本　　726.6　→P（Pictorial book）
　　漫画本　726.1　→C（Comic）

とするなどがある。

（4）サイン計画

　学校図書館では求める情報資源を利用者自身で探せるようにすること

が肝要である。

　そのためには，情報資源の所在をわかりやすく利用者に伝える案内が不可欠となる。

　情報資源の所在を案内するものとして，館内案内図，書架見出し，棚見出し，分類記号表示板，著者記号表示板がある。

　館内案内図は，図書館全体での書架の配置を表示した図で，入口付近に掲示する。入口付近には，分類記号の対照表（十進分類法の要目表（第３次区分まで））もあるとよい。

　書架見出しは，各書架の連にどのような分類記号の情報資源が配架されているかを示すもので，壁面の書架の場合はその上に表示し，通路をあけて配置する書架にはその横の棚板に表示を掲げる。棚見出しは連をなすそれぞれの棚にどのような主題の情報資源が配架されているかを示

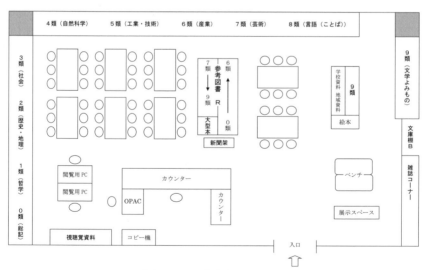

図７-３　館内案内図の例

すものであり，それぞれの棚の段には主題を表示した分類記号表示板を挿入してその区切りを示す。情報資源より奥行きの長い薄板などを用いて分類記号ごとの案内を示すものである。小説やエッセイなど同じ分類記号の情報資源が数多くある場合は，著者記号表示板を用意する。

　なお，案内の表示には，発達段階に合わせた表示法が求められる。十進分類表のそのままではなく，例えば400自然科学は「算数・理科」に，640畜産業は「家畜（かちく）・ペット」に，450天文学は「宇宙・星」に，などとすることが考えられる。「NDC 小・中学校（児童書）適用表」（もりきよし）[7]や，『小学校件名標目表』『中学・高校件名標目表』[8]を参考に，わかりやすい表示を考えたい。

　そのほか，学校図書館内で必要な掲示としては，雑誌架の誌名表示や誌名一覧表，図書館の利用法の案内（貸出期間・冊数，貸出の方法など），館内での注意事項，コンピュータ目録の使い方の案内，機器類の使用法案内，複写機での案内と注意事項などの表示がある。表示は，わかりやすく簡潔な言葉で行い，かつ親しみがもてる表現を心がける。

　館内案内，書架配置図，書架見出し，棚見出しなどを含めた，図書館全体の案内，説明，規定などの表示をまとめてサインといい，これについて図書館全体から考え，体系的につくりあげることをサイン計画という。サインのわかりやすさは，学校図書館の利用しやすさ，親しみやすさを直接左右する。利用者である児童生徒や他の教職員などの意見もききながら，明快なサイン計画をめざしたい。

注・参考文献

1　学校図書館法（昭和28年法律第185号）施行日：平成二十八年四月一日（平成

二十七年法律第四十六号による改正）

2　文部科学省「別添1　学校図書館ガイドライン」https://www.mext.go.jp/a_menu/shotou/dokusho/link/1380599.htm（確認2020.12.13）

3　北克一・平井尊士『改訂新版学校図書館メディアの構成』放送大学教育振興会，2016，p.56

4　現在の標準的なICタグは，10年程度で劣化するので，留意が必要である。

5　請求記号（Call Number）は，図書館の運営が閉架式書庫方式であった時代に，目録検索，請求用紙記入，閉架書庫からの出納といった一連の図書館業務の中で使用されてきた用語である。

6　一連の書架列の最上段を教職員用資料で横につないで配架する「リボン式」配架もある。

7　もりきよし「NDC小・中学校（児童書）適用表」（『図書の分類と目録の実際』日本図書館協会，1968）

8　『小学校件名標目表』第2版，全国学校図書館協議会，2004.
　　『中学・高校件名標目表』第3版，全国学校図書館協議会，1999.

8 | 学校図書館メディアの管理と他機関との連携

米谷優子

《目標＆ポイント》　学校図書館メディアは，配架後も再評価して蔵書更新を図ってこそ魅力が保たれる。本章では日常の学校図書館メディアの管理，および蔵書更新につながる蔵書点検について確認する。そして除架さらに除籍とするプロセスについても学習する。加えて，利用者ニーズの充足に必要不可欠な，地域の公立図書館や他の学校図書館との連携についても確認する。
《キーワード》　書架整理，蔵書点検，蔵書評価，蔵書更新，除架，除籍，学校図書館支援センター，公立図書館との連携，団体貸出，配送システム

1. 蔵書管理

（1）書架整理

　学校図書館メディアは組織化によって，児童生徒や教職員の利用者に供される。貸し出された情報資源は，返却されれば担当者，もしくは図書委員や保護者等の図書館ボランティアが元の棚に戻すのが基本である。ただし館内で閲覧された情報資源は，返本台を設けることもあるが，基本的には利用者が元の書架に戻すことが期待されている。

　情報資源は，所在記号と異なる棚に置かれた場合，探し出すことが困難になり，次にその情報資源を利用しようとすると混乱が起こる。書架での情報資源の並び方の法則は，図書委員やボランティアが返架作業を担当する場合の研修内容として必須であるが，一般の児童生徒・教職員

等全利用者に対しても，利用者教育として学校図書館で責任をもって教えなければならないことの１つである。配架のルールを知り元の棚に戻すことの重要性を認識することは，情報資源を探すうえでも，多数が利用する情報資源を扱う際のマナーとしても必要なことといえよう。

ただしそれでも，利用が活発に行われるほど，情報資源は移動する。

そこで，まずは毎日，返却された情報資源を元の棚に戻しながら，書架整理も同時に行うことが必須となる。開館前や閉館後に行うと，混乱が少ない。書架整理の際には，所在記号の順に並びを正すだけではなく，図書の背を棚の前面に揃える，寄りかかっている図書をブックエンドを用いて垂直に立てるなどの作業や，情報資源に傷みはないかなどの点検作業，埃を払って書架や床の清潔さを保つ清掃作業も同時に行う。利用の状況や蔵書の状態を知る機会であり，学校図書館メディアを清潔に長く利用できるように保つ作業でもある。積極的に取り組みたい。

（2）蔵書点検

蔵書の状況を一挙に把握する方法として，年に一回程度蔵書点検を実施することが望ましい。蔵書点検は，古くは曝書といわれた。蔵書を陽光に当てて虫干しすることに由来している。現代においては，蔵書全体を登録原簿と照合し，蔵書の現状や紛失資料の有無を調査する。蔵書点検には，蔵書の状況を把握するほかに，破損・汚損している情報資源を発見したり，配架場所の誤りを発見したり，所在記号の誤記を発見し訂正するなどの副次的な効果もある。

点検の際に蔵書が動くと煩雑になるので，閉館して実施する。実際には長期休暇中に行うことが多い。

具体的には，配架している情報資源のバーコードの登録番号（またはICタグの登録番号）を読み取り，登録簿と照合し，貸出中の情報資源

を除いて所蔵データと突き合せ，紛失資料を抽出する，という流れになる。

　紛失資料は何度か捜索した後，亡失資料として除籍扱い（学校図書館の所蔵メディアの登録から外す）となる。

2.　蔵書評価

　蔵書評価とは，現在の蔵書の長所や短所を把握し，それを今後の収集等に役立てることをいう。

　学校図書館担当者が蔵書を中心にその大きさや深さを自身で評価することもその1つで，日々の書架整理や蔵書点検によって直接観察するほか，チェックリストを用いたり，「学校図書館図書標準」や「学校図書館メディア基準」に示される最低冊数や配分比率と比較して，不足の点がないか検分するなどの方法がある。そのほかに，利用面からの評価として，貸出の状況や館内の利用を調べたり，利用者である教職員や児童生徒に意見を募るなどの方法もある。

　全国学校図書館協議会の「学校図書館評価基準」[1]にも，学校図書館メディアの項目があるので，それらの項目も参考にして，独自の評価基準を持っておきたい。

3.　蔵書更新

（1）蔵書更新の意義

　先に述べたように，学校図書館メディアは選定された情報資源が組織化を経て配架され，利用に供される。

　しかし情報資源を選び受け入れて配架する一方では，書架は溢れてしまう。また，たとえ基準を考慮し選び抜いて学校図書館の蔵書とした情報資源であっても，年月の経過によってその内容が古くなって役に立た

なくなったり，誤った情報を提供する危険性が高まったりする場合も出てくる。破損や汚損のために物理的に利用に適さなくなる場合もある。

　いったん書架においた情報資源を再評価して不要な情報資源を書架から除いていく，除架（Weeding）が必要となる。除架を行わなければ，書架全体が古ぼけてみすぼらしく見える可能性があるので，適切に行わなければならない。

　この，再評価そして除架によって蔵書を新たにしていくことを，蔵書更新という。

　蔵書更新の意義には，以下の3点があげられる。

① 　情報資源の新陳代謝を図ることで，古ぼけた情報が減って新鮮な情報資源が充実し，魅力的な蔵書構成となって，利用の拡大が期待できる。

② 　内容の古くなった情報資源が取り除かれ，利用者の信頼感が増す。

③ 　不要な情報資源を書架に維持していくための余分な労力や経費が節約できる。

　「学校図書館ガイドライン」[2]でも「（4）図書館資料の廃棄・更新」として，以下のように述べられている。

・学校図書館には，刊行後時間の経過とともに誤った情報を記載していることが明白になった図書や，汚損や破損により修理が不可能となり利用できなくなった図書等が配架されている例もあるが，学校は，児童生徒にとって正しい情報や図書館資料に触れる環境整備の観点や読書衛生の観点から適切な廃棄・更新に努めることが望ましい。

・図書館資料の廃棄と更新が適切に行われるよう，各学校等において，明文化された廃棄の基準を定めるとともに，基準に沿った廃棄・更

新を組織的・計画的に行うように努めることが望ましい。

　また，「学校図書館ガイドライン」は，「（7）学校図書館の評価」で，運営の改善のための評価として，「図書館資料の状況（蔵書冊数，蔵書構成，更新状況等），学校図書館の利活用の状況（授業での活用状況，開館状況等），児童生徒の状況（利用状況，貸出冊数，読書に対する関心・意欲・態度，学力の状況等）」を挙げており，更新状況が評価指標の1つとなっていることにも留意しておきたい。

（2）除籍

　除架した情報資源は1冊1冊見直して，書架に戻す，書庫に移動する，学校図書館の蔵書から除外し移譲または廃棄する，のいずれかを選択する。

　一定の利用が見込まれるものであれば，書架に戻す。修復が可能なものは修理してから書架に戻す。頻繁な利用はなさそうだが，代わりになる情報資源が見当たらないような場合は，書庫に移動する。年鑑や白書，統計資料等は，古い情報が必要となる場合もあるので，可能な限り保存する。学校資料や地域資料（郷土資料）は基本的には除籍しない。発行年が古いというだけで，利用がない・価値がない，と決めつけず，冷静な判断基準をもって慎重に行う必要がある。よみもの等のうち外観が古ぼけていたり紙面が黄ばんだりしていてそのために利用頻度が落ちているもので，新たな版や文庫版が出版されているものは，新版を購入して更新を図ることを検討する。

　再配架・書庫移動以外の情報資源は除籍となる。除籍とは学校図書館の蔵書から除外することである。物理的に利用に堪えられない汚損・破損の激しい情報資源，内容的に古くて誤った情報を提供しかねないもの，

などがその対象となる。なお，蔵書点検時に判明した，紛失資料は何度か捜索したのちに，また延滞資料で督促しても返却が望めない情報資源も何度かの督促ののちに，合わせて除籍対象とする。

　一部の学校や自治体で，「学校図書館図書標準」達成のために除籍をしないよう指示するところがあったり，しばらく廃棄を行ってこなかった学校では除籍に難色を示したりする場合もあるかもしれない。しかし，学校図書館の効果的な活用には適切な蔵書更新・除籍・廃棄が必要であることを広く周知することが重要である。

　除籍の決定に際しては，「学校図書館ガイドライン」にもあったように，恣意的になることを防ぐために，除籍基準（廃棄基準）をあらかじめ設定しておくことが肝要である。

　全国学校図書館協議会が「学校図書館廃棄規準」を作成し公表している[3]。これを参考に各学校図書館で，除籍基準（廃棄基準）を定めておく。除籍の実務に関しても，除籍（廃棄）委員会の設置など，校内で合意を得る仕組みを作っておきたい。

　除籍と決めた情報資源は，バーコードや蔵書印を塗りつぶすなどしてそれが使えないようにするとともに，登録簿に除籍のしるしを入れ，目録からも削除して，除籍の処理をする。備品扱いの情報資源を廃棄するときは，廃棄リストを作成し，校長の承認，教員委員会の受理が必要となる。汚破損や紛失のために除籍して，代替に全く同じ情報資源を受け入れる場合，除籍対象資料とは別の情報資源として新たに登録番号を取る。一度除籍した情報資源の登録番号を当てることはしないので注意したい。

　なお，消耗品扱いの雑誌のバックナンバーは，あらかじめ保存年限を決めておき，それを過ぎると，バーコードを利用不能にしたうえで，学校図書館の蔵書から外す。

　除籍処理が完了した図書や雑誌で利用に支障のないものは，地域の他機関（児童館等）や民間施設（子ども文庫など）に移譲したり，リサイクル図書・雑誌などとして児童生徒や教職員に配布することもできる。払い出し雑誌の移譲を文化祭や読書週間等のイベントの1つとしている学校図書館もある。

　学校図書館メディアの選択から組織化，提供，そして除籍までの一連

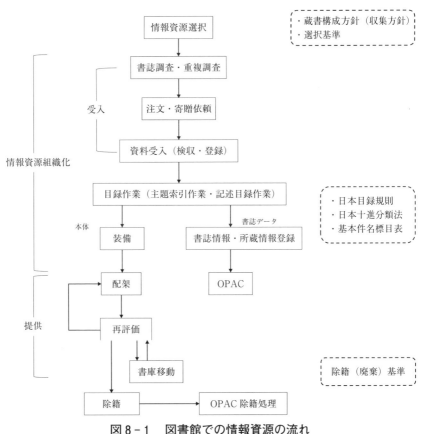

図 8-1　図書館での情報資源の流れ

の流れは図8-1のようになる。必要な基準類と共に確認しておこう。

【コラム1】 情報資源の修理

　情報資源で破損しているもののうち，修復可能なものは修理を試みる。

　多く利用されるほど壊れることも多くなる。一日でも長く利用ができるよう，早め早めの手当てを心がけたい。ただし，壊れた情報資源の修理方法は一様ではない。それぞれに対して適切な方法を考えて修理することが求められる。

　図書の修理に際しては，劣化しやすい素材を用いないこと，頑丈すぎる異素材を使わないことが重要である。

　ページが破れている場合は，透明の修理用テープをていねいに貼付する。セロハンテープやガムテープは劣化しやすいので使用しない。でんぷん糊や木工用接着剤を水で薄めて修復に使うこともできる。

　ページが外れた場合は，接着面を紙やすりで平らにしてから，接着面とのどに接着剤を塗り，のどの奥に差し込んで，はみ出した接着剤が他につかないようにクッキングシートなどを挟んで，1週間程度置く。

　本の背が一部はがれた場合は，装備に用いるフィルムを部分的に貼る。

　本の背全体がはがれたときは，製本用布テープを用いる。背文字をタイピングして表示し，所在記号のラベルも貼付する。

　水濡れした印刷資料は，タオルで水分を吸い取ったあと，吸水紙をところどころに挟んで扇風機やドライヤーで半乾きの状態まで乾かし，ページの貼りつきがないか確認しながら，板の上から重しを載せて完全に乾くまで待つ。

　図書館での本の修理についてはいくつか参考になる資料が出版されて

いる[4]。また，国立国会図書館でも「簡易補修テキスト」を Web で公開している[5]。参考にして適切な修理を心がけてほしい。

4.　他機関との連携

いずれの図書館もそうだが，利用者の情報ニーズは多種多様で，1 つの学校図書館だけで全利用者のニーズに対応するには困難な場合がある。また，学習に際しては，同じテーマの情報資源を 1 クラスの人数分だけ所蔵し提供するには難しい面が多い。加えて，情報資源選択や入手，情報資源組織化の業務においても，かけられる時間と情報に限界があることもある。

そのような場合，公立図書館や他の学校図書館等とのネットワークを利用して情報資源を相互貸借したり，情報の提供を受けたりすることが可能である。利用者ニーズに応える方策として，このネットワークを上手に利用していきたい。

提携先として，学校図書館支援センター，公立図書館，他の学校図書館が挙げられる。

学校図書館支援センターは，1990年代半ばから数度にわたって実施された，文部科学省によるモデル事業（1995 - 2000年度「学校図書館情報化・活性化推進モデル地域事業」，2001 - 2003年度「学校図書館資源共有型モデル地域事業」，2004 - 2006年度「学校図書館資源共有ネットワーク事業」）が母体となって2006（平成18）年度から本格的に開始された，「学校図書館支援センター推進事業」が基になっている。センターが所蔵する学校図書館メディアの貸出，公立図書館の情報資源の貸借や配送の仲立ちのほか，情報提供や調査相談の役割を担っている。他の学校図書館との相互貸借による連携を支援することもある（図 8 - 2 ）。

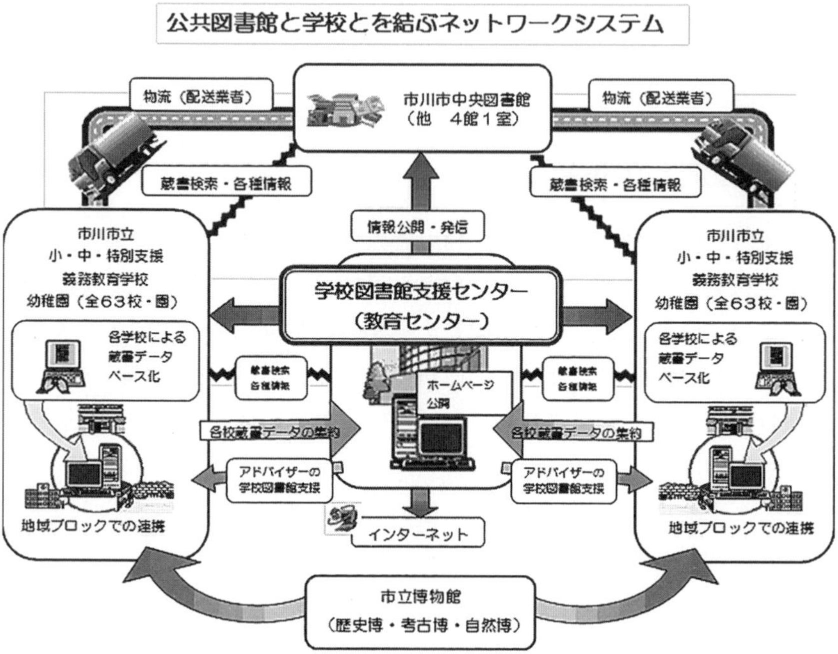

図8−2　学校図書館支援センター事業（千葉県市川市の例）
出典：市川市「公共図書館と学校とを結ぶネットワークシステム」
https://www.city.ichikawa.lg.jp/edu17/1111000057.html（確認2021.9.28）

　学校図書館支援センターは，地域の公立図書館内に置かれることもあれば，教育センター等に置かれることもある[6]。

　また，学校図書館支援センターが設置されていない市区町村では，多くの場合，地域の公立図書館が学校図書館支援を行っており，公立図書館のホームページでその案内がされている[7]。

　学校図書館メディアに関する，他機関との連携は，次の3つに分けることができる。

(1)　物的支援・連携—団体貸出・テーマ指定による一括貸出（セット

　　貸出）・配送システム・その他—
(2)　情報資源選択・入手・整理等の学校図書館業務等に関する支援
(3)　学校図書館と地域図書館の融合による学校図書館メディアの共同
　　利用

（1）　物的支援・連携
①　団体貸出
　図書館が，団体利用者に対して情報資源の貸出をすることを団体貸出
という。個人利用者に対しての貸出とは異なる条件が設定されており，
一般的に，長期間，大量（または無制限）の情報資源の貸出を受けるこ
とができる。
　学校図書館支援センターは，公立図書館からの学校図書館への団体貸
出の仲立ちの役割を担うことが一般的だが，学校図書館のニーズに即時
対応できるよう，学校図書館が優先的に使える情報資源を別途用意して
いる場合[8]もある。
　小中学校の団体貸出は市区町村の学校支援センター，または市区町村
立図書館が通常担当しているが，高等学校・特別支援学校への団体貸出
を府・県立図書館が主体となって実施している例がある[9]。
　学校図書館支援センターを置かず，公立図書館が直接学校支援を実施
している場合，あらかじめ学校として登録して団体用の貸出カード等の
交付を受ける必要があることが多い。
　団体貸出を利用する際は，学校図書館支援センターもしくは公立図書
館にネットもしくは電子メール等で貸出希望の情報資源のリストを送っ
て貸出を受ける。手元に情報資源が届くまで日数がかかるため，余裕を
もって申し込む必要がある。司書教諭が，申込・受取そして返却まで，
学校図書館の担当者としての役割を担うことが一般的である。

② **セット貸出**

セット貸出とは，提供する学校支援センターや公立図書館側が，必要と思われる情報資源をあらかじめセットにして準備しているものを対象に，貸出を希望する学校図書館はそのセット・パック名で指定して団体貸出を受けるもので，1冊1冊を選択して指定する手間が省ける[10]。また，通常の団体貸出では複本の貸出が難しい場合が多いが，あらかじめ同じ本をセットにしたものをセット貸出で借り受けることができる[11]。

セットは教科書に沿った学習テーマに限らず，英語の多読用セットや海外の絵本のセット，朝の読書セットを用意している図書館[12]や郷土学習用資料の貸出を実施している県立図書館[13]，教職員向けセットを用意している図書館もある。

また，あらかじめ用意したセットだけではなく，テーマを指定すると公立図書館の司書が選定して用意するサービスを行っている図書館[14]もある。

国立国会図書館国際子ども図書館も小学校高学年向きや中学校向きに分けて，7週間のセット貸出を実施している[15]。

③ **配送システム**

団体貸出で多量の情報資源の貸出を受けるとなると，考慮すべきは配送である。団体貸出を実施している全機関が配送システムを完備しているとは限らず，学校図書館担当者が自力で運ばなくてはならない場合もあるが，連絡車や定期便による配送システムを導入している市区町村もある。

ただし曜日が限定されていたり，申し込みから時間がかかることがある。都道府県立図書館からの場合は近くの市区町村立図書館までの配送であったり，送料が学校負担であることもある。国立国会図書館国際子ども図書館の場合も，貸出を受ける学校が送料を負担することになって

いる。よく確認して利用したい。

④ **その他**

　その他の物的な連携として,「学校図書館ガイドライン」が「廃棄と更新を進めるに当たって,貴重な資料が失われないようにするために,自校に関する資料や郷土資料など学校図書館での利用・保存が困難な貴重な資料については,公共図書館等に移管することも考えられる」としている。学校資料や地域資料(郷土資料)で貴重なものがあるが保存に適したスペースと環境が整えられない場合には,公立図書館にその保存を相談してみるのもよいだろう。

　逆に,公立図書館が除籍した情報資源を,学校図書館メディアとして受け入れることもありうる。

　さらに,学校図書館メディアに関する別な形の支援として,たとえば,熊本市立図書館は小学校・中学校の学校図書館用の図書利用カードで「熊本市電子図書館」を利用可能とした。これによって,小中学生は市立図書館のカードの交付を受けなくても熊本市立図書館の電子書籍を利用することができる。また,大阪市立図書館は,市立図書館が契約している一部有料商用データベースを,教職員が校務支援ネットワークから利用することを可能にしている[16]。これによって学校図書館では契約していないデータベースも利用することができ,授業準備のための情報資源に広がりができる。

(2) 学校図書館の情報資源選択・入手・整理業務等に関する支援

　学校図書館支援のページで,学校図書館に役立つ情報資源のリストを提供している学校図書館支援センター,公立図書館が多くみられる。

　情報資源の選択に関しては,学校図書館支援センターや公立図書館が頒布会を実施するなどして支援している例がある。

　情報資源の購入を市立図書館が一括して行っている例もある。瀬戸市（愛知県）[17]では，それに加えて，土日の学校図書館を地域の図書館として開放しているため，学校図書館情報資源のデータも市立図書館で一元管理している。

　袖ヶ浦市（千葉県）では学校図書館支援センターのもとで，市立図書館と学校図書館を統合した地域総合目録を形成している。

　神奈川県では，県立図書館のKL-Net（神奈川県図書館情報ネットワーク）に高等学校図書館が参入するかたちで総合目録を作成し，「神奈川県内高等学校図書館相互貸借システム」を作動させている。各校学校図書館の蔵書検索を行うことができ，学校図書館間で相互貸借も行われている。

　なお，国立国会図書館の提供する書誌データは誰でも無償で自由に利用することができる。学校図書館での目録作成に関してこの書誌情報を用いて，目録作成の時間を省力化することができる。

（3）学校図書館と地域図書館との融合による情報資源の共同利用

　先の瀬戸市のように学校図書館を地域住民に開放する例は他にもある。また，学校図書館と地域図書館を隣接させたり，学校図書館に地域図書館の機能をもたせたりする例もある[18]。

　管理面での課題はあるが，情報資源の面では，児童生徒や教職員が学校にいる時間内に公立図書館の情報資源も利用できる機会が増えるなどのメリットがある。今後検討すべき課題であろう。

　地域の公立図書館と学校図書館との連携は，積極的に推進する策として，各自治体の子ども読書活動推進計画で述べられていることも多い。

　それぞれの地域の図書館や教育委員会のホームページ等で，自治体の

公立図書館の学校図書館支援や地域の子ども読書活動推進計画を確認して，他機関との連携を上手に活用することが望まれる。

【コラム2】デジタルアーカイブとメディア変換

　学校図書館メディアは，年月の経過とともに劣化する。利用が多ければ多いほど劣化の速度が増す。また視聴覚メディアである録音資料や映像資料はそれ自体の劣化・損傷だけでなく，再生機器の不具合によって利用できなくなることもある。

　修理して利用できるものは，損傷がひどくならないうちにこまめに手入れする必要があるが，それでも劣化が進んで利用が難しくなるのは避けられない。

　図書館では，古くから写真技術を用いて，新聞等の耐久性の低い情報資源をマイクロフィルムやマイクロフィッシュに収めるマイクロ化を行ってきた。

　現代はデジタル化が主流となり，過去の新聞はデジタル化された記事のデータベースに契約してアクセスすることが主流となっている。また国立国会図書館では著作権が終了した所蔵図書や音源・古典書籍等を電子化する作業を行っている。このようなデジタルアーカイブは，インターネットで利用できるものも少なくない。学校図書館ではネットワーク情報資源の一種として，データベースやデジタルアーカイブへのアクセスの提供を積極的に考えたい。

　一方，学校資料等，その学校でしか所蔵していない情報資源については，各学校図書館が主体となってその保存を考えていかなければならない。

　情報資源は，可能であればデジタルデータ等への変換，すなわちメディア変換（媒体変換）して保存することが有効である。

　ただし，デジタルデータへの変換は「複製」であるため，著作権への配慮が必要である。出版物や音楽テープ・ビデオテープ等の別媒体への変換は，私的利用に限って認められているのであって，商業出版物の場合，学校図書館側で複製を行うことはできない。別媒体のものが頒布されていればその購入を検討する。

　学校行事の記録など学校作成の静止画資料・映像資料・録音資料等については，著作権者を確認して許諾が得られれば，デジタル化して保存することができる。学校史等の印刷資料や写真は退色の心配があり，ビデオテープやカセットテープのアナログ資料はテープ本体の劣化に加えて，再生機の故障等で使えなくなる危険性もある。長期の保存を期待する情報資源は，現物保存のほか，デジタル化による保存が有効である。

　ただし，メディア変換は一度行えば安心というものではない。メディアの耐久性やハード（再生機器）の耐久性，互換性はいずれも不透明である。新たなメディアやハードウェアの出現に対応して，その都度新たなメディアに変換して，再生可能か確認していく必要がある。

注・参考文献

1　全国学校図書館協議会「学校図書館評価基準」https://www.j-sla.or.jp/material/kijun/post-44.html（確認2021.06.28）
2　文部科学省「別添1「学校図書館ガイドライン」」https://www.mext.go.jp/a_menu/shotou/dokusho/link/1380599.htm（確認2021.06.28）
3　全国学校図書館協議会「学校図書館廃棄規準」（https://www.j-sla.or.jp/material/kijun/post-36.html（確認2021.06.28）
4　高岡容子『図書館のための簡単な本の修理』少年写真新聞社，2019.
書物研究会編　板倉正子監修『図書の修理とらの巻』澪標，2017などがある。

5　国立国会図書館　平成28年資料保存研修「簡易補修マニュアル」（遠隔研修に動画あり）

http://www.ndl.go.jp/jp/presentation/pdf/trainig_text2_h28.pdf（確認2021.06.28）

6　例えば次のようなものがある。市川市教育委員会による学校図書館支援センター　https://www.city.ichikawa.lg.jp/edu17/1111000057.html（確認2021.06.28）さいたま市「学校図書館支援センター」（北浦和図書館内）http://www.saitama-city.ed.jp/08sien/04tosyoc.html（確認2021.06.28）

鳥取県「学校図書館支援センター」（鳥取県立図書館内）https://www.library.pref.tottori.jp/support-center/post-3.html（確認2021.06.28）

7　例えば次のようなものがある。名古屋市立図書館「学校の先生へ」https://www.library.city.nagoya.jp/kids/school/index.html（確認2021.06.28）高槻市立図書館「学校等関係者のみなさまへ」https://www.library.city.takatsuki.osaka.jp/school/login（確認2021.06.28）　など

8　白山市（石川県）（「学校図書館支援室書庫」），市川市（千葉県）（ネットワークシステム専用図書を確保）など。袖ヶ浦市（千葉県）は学級文庫の団体貸出用に，発達段階に合わせた図書（低・中・高学年用，中学校用，特別支援学級・学校用）を学校図書館支援センターに用意している。

9　鳥取県，神奈川県，秋田県，京都府などで，府県立図書館が高等学校図書館や特別支援学校への学校支援を行っている。

10　例えば，福岡市学校図書館支援センター（福岡市総合図書館内）は小学校・中学校用にそれぞれ学校図書館支援図書セットを用意，新潟市学校図書館センターもテーマ別図書セット「オレンジBOX」を用意している。京都府立図書館のセットでは，小中学校版（14分野104テーマ），特別支援（2分野14テーマ），府立高校版（9分野122テーマ）が用意されている。

11　豊中市立図書館（大阪府）は「調べ学習パッキング資料」として，百科事典，図鑑セット，サポートパック（10種程度のテーマ別図書セット）の学校図書館向け団体貸出を行っており，図鑑セットでは同じ図鑑を10冊単位で40冊まで，1か月借りられる。

12　大阪府立図書館は，特別貸出セットとして英語多読用セットや朝の読書セットなどを設けているほか，海外の絵本をセットにしたものも貸し出している。

https://www.library.pref.osaka.jp/site/jibunkan/asiapack.html（確認2021.06.28）

13　鳥取県「学校図書館支援センター」（鳥取県立図書館内）https://www.library.pref.tottori.jp/support-center/post-3.html（確認2021.06.28）

14　東広島市（広島県）では，市立図書館が「学習支援図書セット」を用意しているほか，学校側がテーマを指定すると市立図書館司書が資料を選定して用意するサービス（「学習支援図書」）も行っている。神戸市立図書館（兵庫県）も「テーマ本集め」サービスとして同様のサービスを行っている。

15　国立国会図書館国際子ども図書館「学校図書館セット貸出」https://www.kodomo.go.jp/promote/activity/rent/index.html（確認2021.06.28）

16　大阪市立図書館「学校支援のページ」https://www.oml.city.osaka.lg.jp/?page_id=875（確認2021.06.28）

17　瀬戸市立図書館「地域図書館とは」http://www.lib.seto.aichi.jp/about/post.html（確認2021.06.28）

18　長澤悟「学校と公立図書館との複合施設」カレントアウェアネス，2018，(338)，CA1942，pp.12-15.
文部科学省報告書「学習環境の向上に資する学校施設の複合化の在り方について〜学びの場を拠点とした地域の振興と再生を目指して〜」2015（平成27）年11月20日　https://www.mext.go.jp/b_menu/shingi/chousa/shisetsu/013/toushin/1364500.hem（確認2021.6.28）

9 | 学校図書館メディアの主題索引法1

米谷優子

《目標＆ポイント》 学校図書館メディアの主題索引法の基礎概念とその方法を学ぶ。続いて学校図書館メディアの分類法を取り上げ，現代学校図書館の標準分類法となっている「日本十進分類法」（NDC）の特性と構成について学習する。
《キーワード》 主題，主題分析，主題索引法，分類法，日本十進分類法，補助表

1．主題索引法

（1）主題とその分析

　図書館で情報資源を探す場合，タイトルや著者を特定してそれらから探すこともあるが，最も一般的なのは，「～に関する情報資源」，「～について書かれている資料」と情報資源が扱っているテーマから探すケースであろう。

　タイトルは内容を端的に表すようにつけられていることが多いので，求めるテーマをタイトル部分の検索語としてコンピュータ目録に入力して検索することで，情報資源を探すことは可能だ。

　しかし，それだけではあるテーマの情報資源を網羅的に探すことはできない。タイトルが，求めるテーマについて想起する言葉と必ずしも同じ言葉（文字列）で表されているとは限らないからである。

　例えば，本の歴史について書かれている情報資源には実際に『ほんの

れきし』『図書史』『書物の生い立ち』『本の過去と未来』などさまざまなタイトルがつけられている。「本」と「歴史」の語で探すだけでは,「日本の歴史」などの希望の範囲外の情報資源が多く結果表示される一方で,『図書史』『書物の生い立ち』『本の過去と未来』などの情報資源は,検索から漏れてしまう可能性がある。

また,たとえば『プルーストとイカ：読書は脳をどのように変えるのか？』は脳科学の側面から読書を扱った図書であり,『銃・病原菌・鉄』は人類史・文明史における謎を追った図書だが,これらのように,印象的な言葉を用いたタイトルの場合など,本タイトルで用いられている言葉が情報資源の内容を的確に表しているとはいえないこともある。

このようなことへの対処として,あるテーマから情報資源を探すニーズへの対応のために,情報資源の内容を端的に表す何らかの符号を情報資源本体およびその目録に付与しておくことが考えられる。

ある情報資源が扱っているテーマ,情報資源が中心的に述べている概念や概念の組み合わせを「主題」といい,主題を把握し分析することを「主題分析」,主題を的確に表す索引語（主題索引）を付与することを「主題索引法」という。索引語とは,1つの概念を,名詞・名詞句あるいは分類記号のいずれかで表現したものである。

現代の図書館では,情報資源の主題または形式を表現する索引語として,記号に置き換えた分類記号体系と,統制された語句を用いた件名標目を用意している。分類記号を配架に適用することで（主題別分類順配架），直接書棚で資料を探す利用者の情報資源探索の助けとしている。

（2）要約法と網羅的索引法

情報資源の主題の抽出方法として,要約法と網羅的索引法がある。

ある情報資源の内容を包括的にまとめて表現（要約化,

summarization）する方法が要約法で，それによって著される主題を要約主題という。

　一方，情報資源によっては，要約主題以外にも，副次的・周辺的に，上位概念や類似の主題など，要約主題とは別の主題を扱っていることがある。要約化の過程では切り捨てられるような副次的な主題や周辺的な主題の情報についても当該情報資源の主題として把握して，それらにも主題索引を付与する方法を網羅的索引法といい，それによって抽出した主題を網羅的主題という。

　図書の背などに貼付するラベルで表示する，配架に用いるための分類記号を書架分類記号といい，書架分類には要約法で得た唯一の分類記号を決定する。書架分類記号は短く簡潔で識別しやすいものがよい。

　それに対して，書誌分類記号（書誌・目録上の分類記号）は，必要なだけの桁数や詳細度が認められ，複数の分類番号を付与すること（分類重出）ができる。件名についても，複数の件名標目の付与が可能である。

　網羅的主題からも情報資源検索ができるようにしておけば，情報資源活用の幅が広がる。網羅的索引法で情報資源を把握し，重出を積極的に行うことが，強く勧められる。

2.　学校図書館メディアの分類法

（1）分類法

　人間は先史時代から，食用になる植物と食べられない毒のある植物を分けるなど，生きるための手段として分類を行ってきた。現代のわれわれも，身の回りの品を分けて収納するなど，分類する作業を日常的に行っている。これは，あるものを他と区別して認識する一方，似たものはまとめておくことで，後日それらを用いる際に探しやすくする1つの工夫に外ならない。

　同種のものを集めて類を形成しそれを列挙式に並べる，その類を統合して，高次の大きい類をつくる，というような上昇式（ボトムアップ式）の工程が分類作業の最初であった。その後，まず大きなまとまりがあって，差異に注目してそれを段階的に小さく区分していく下降式（トップダウン式）の分類作業が発展する。こうして「知」の体系がつくられてきた。

　下降式の階層分類には一貫性，相互排他性，包括性，段階性という原則がある。すなわち，1回の分類には同じ区分原理（区分特性）を用い（一貫性），分けられたもの（区分肢）はどちらかにしか入らず，どちらにも入るという分け方はない（相互排他性）。しかも，区分肢の総和は分けられる前の全体（被区分体）と等しく，どこにも入らないものはない（包括性）。そして分類は，大きな概念から小さな概念へと段階を追って行われる（段階性）。

　アリストテレスは古代ギリシアの知をはじめて体系化したとされる。

　17世紀のフランシス・ベーコンは学問全体を人間の知識と神学に大別し，人間の学問の諸分野は人間の悟性すなわち記憶力，想像力，理性に関係がある，悟性はすなわち学問の場所であり，記憶力に対する歴史，想像力に対する詩，理性に対する哲学になる，とした。歴史はさらに，自然の歴史，世俗社会の歴史，教会の歴史に，詩は叙事詩，劇詩，諷刺詩に，哲学は第一哲学または哲学の源泉についての哲学とそれ以外にわけられ，後者はさらに神の哲学，自然哲学，人間の哲学に分けられる。

（2）図書館情報資源の分類法

　近代の図書館では哲学における人間の知識の分類を，情報資源の分類に応用することが考えられた。1870年のハリスの分類表がその最初である。ハリスはベーコンの「歴史，詩，哲学」という分け方を用いながら，

科学をトップに据える逆ベーコン式を採った。デューイはハリスの分類法を基盤に1876年デューイ十進分類法を考え出した（DDC：Dewey Decimal Classification）。また，カッターは展開分類法（EC：Expansive Classification）を発表した。いずれも，あらかじめ用意された主題を表す分類項目から，各情報資源の主題に対応する項目を選んで適用する，列挙型分類法である。

　20世紀に入って，複合主題など列挙型分類法だけではうまく分類できない情報資源が多くなると，1つの資料についていくつかの角度から区分しそれらの多次元的な区分を組み合わせる分析合成型分類法（ファセット分類法ともいう）が考案された。ランガナタンのコロン分類法（CC：Colon Classification）もその1つであり，これ以降も複数の分類法が開発・実施されている。

　図書館の現場では，デューイの十進分類法が実用的であると評価され，現在も欧米圏で最もよく用いられている。

　日本ではDDCの記号法と，ECの主題体系を参考にして，もりきよしが日本十進分類法（NDC：Nippon Decimal Classification））を作り上げた。

　分類表は「知識の宇宙」にさまざまな知識を位置づけるものである。学術の進歩によって知識体系は変化していく。最新の学術体系に準拠するよう，NDCは完成後も改訂を重ねてきた。「日本十進分類法」は新訂6版からは「もりきよし原編　日本図書館協会改訂・発行」となり，現在は2014（平成26）年に完成した新訂10版が最新版になっている。

3. 日本十進分類法

（1）日本十進分類法（NDC）の構成と特性

　日本十進分類法（以下NDC）は現在，日本の公立図書館・学校図書

> 「日本十進分類法　新訂10版」の構成
> ○第１分冊　本表・補助表編
> 　序説
> 　各類概説
> 　第１次区分表（類目表）
> 　第２次区分表（綱目表）
> 　第３次区分表（要目表）
> 　細目表
> 　一般補助表
> 　固有補助表
> ○第２分冊　相関索引・使用法編
> 　相関索引
> 　『日本十進分類法新訂10版』の使用法
> 　用語解説
> 　事項索引

　館の９割以上で使用されており，標準分類法となっている。よって，本章でも，日本十進分類法について解説する。

　NDC新訂10版は本表・補助表編と相関索引・使用法編の２分冊からなっている。

　本表・補助表編の最初に「序説」がある。ここでは，分類法の基本ならびに日本十進分類法の沿革について述べた後，分類体系と構造，分類表の構成について解説し，９版から10版への改訂，使用法，用語解説，索引についてもそれぞれ解説を加えている。

　そしてまた，相関索引・使用法編の巻末に「『日本十進分類法　新訂10版』の使用法」がある。こちらで，一般的な分類作業の進め方として，作業手順，分類規程，分類番号の付与，相関索引の使用法と，各館での適用について解説している。

日本十進分類法新訂10版　序説

1　分類法の基本
2　日本十進分類法について
3　新訂10版における主要な改訂
4　『日本十進分類法　新訂10版』の使用法について
5　用語解説について
6　序説『日本十進分類法新訂10版』の使用法等に対する索引について

　本章ではまず，序説の内容に従い，NDC の概要について確認していこう。

（2）日本十進分類法（NDC）の体系と記号法

　NDC では主要な学術研究領域から 9 つを列挙して 1 - 9 のアラビア数字を充て，いずれにも属さないもの，あるいは複数にまたがる著作の分類には「0」を与えることとして，全部で10に分けている。これを「類」（第 1 次区分）という。なお，分類表は知識が記録された情報資源の分類のためのものであるので，純粋に知識の分類だけによるのではなく，記録の形式・形態による分類も付加して成り立っている。

　各類をさらに 9 といずれにも属さないものの全部で10に分ける。この100区分を「綱」（第 2 次区分）という。各綱をさらに 9 といずれにも属さないものの全部で10に分け，これを「目」（第 3 次区分）という（図 9 - 1 ）。後は必要に応じて，「目」の中をさらに細分していく（細目）。

　分類体系を表にしたものが分類表であり，NDC では，類目表（第 1 次区分表），綱目表（第 2 次区分表），要目表（第 3 次区分表）と細目表

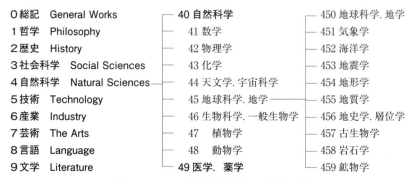

図9-1　日本十進分類法の構造の例

（分類項目を網羅した表）が用意されている。

　十進分類法では，使用できる記号が数字の0から9の10個に限定されるため，実際には別分野といえる領域も，類似の概念の領域の末尾に同居させて10以内に収めている場合がある。綱目表でいえば地理（29），医学．薬学（49），家政学．生活科学（59），スポーツ（78），諸芸．娯楽（79）がそれにあたる。綱目表では，該当の分類項目名（例えば「医学．薬学」（49））を一段左に上げてゴシック体で記載することで，「自然科学」（4）と同位レベルの概念であることを指示している。

　逆に10に満たない場合は下位概念を上位概念と同列にあげる措置が行われている。植物学（47）動物学（48）は生物科学．一般生物学の下位概念であるが，生物科学．一般生物学（46）と記号法（記号の桁数）上では，同等レベルになっており，綱目表では，これらの項目名を右に1文字下げて記載することで，生物科学．一般生物学（46）の下位レベルの概念であることを表現している。

　NDCは列挙型分類法であり，あらかじめ分類項目として用意されている概念しか分類記号で表すことができない。分類表にない項目の主題

に分類記号を付与する場合は，類似の概念の分類に収めるなどする。

　分類表で示されている数字は，記号としてアラビア数字を使っているにすぎない。数量的な意味をもつものではないので，たとえば自然科学—地球科学—地震学と段階的に分類されている著作には「453」という分類番号が付けられるが「ヨンヒャクゴジュウサン」と読まずに「ヨン，ゴ，サン」と読む。なお第4次区分以下があるときは，数字が続くと読みにくいため，前から3つ目の数字の後ろにピリオドをつけて，例えば「324.62」として「サン，ニ，ヨン，テン，ロク，ニ」と読む。

　細目表の見方は，第1分冊「本表・補助表編」の細目表p65-69の凡例に書かれている。よく読んでおきたい。細目表参照にあたっては，細目の分類項目名にのみとらわれるのではなく，上位概念を確認して分類体系全体の中で位置づけるようにする。また，注参照（ほかの分類項目に収めるのが適切な場合の注意書き）や注記（分類項目の下に＊で表示されている注意書き）をよく読み，担当者や時期によって分類にずれが生じることがなく，常に安定した分類ができるよう留意する。

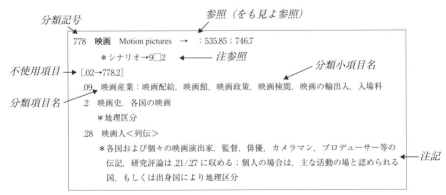

図9-2　日本十進分類法細目表の各分類項目を構成する要素

（3）補助表

　NDC は列挙型分類法ではあるが，実際には細目表にすべての分類を明記することはできない。そこで，共通する項目について細目表の分類記号に付け加えて用いる補助表が用意されている。補助表の記号は細目表と組み合わせて用いるもので，単独で分類記号となることはない。

　補助表には，2つ以上の類で適用される一般補助表と，1つの類またはその一部分についてのみ共通に適用される固有補助表がある。

　一般補助表には，形式区分，形式区分の中の歴史的・地理的論述の下位区分としての地理区分，海洋区分，言語区分の3種4区分がある。固有補助表には神道各派の共通細区分表，仏教各宗派の共通細区分表，キリスト教各教派の共通細区分表，日本の各地域の歴史における時代区分，各国・各地域の地理地誌紀行における共通細区分表，各種の技術・工学における経済的，経営的観点の細区分表，様式別の建築における図集，写真・印刷を除く各美術の図集に関する共通細区分表，言語共通区分，文学共通区分の10種がある。第1分冊の細目表に続いて各表が掲載されている。表では，いずれもハイフンが前についた形で示されているが，実際に分類記号に付加するときはハイフンは除いて付加する。

　各補助表については，序説の「2．補助表」ならびに，「『日本十進分類法新訂10版』の使用法」中の「4　番号構築（ナンバービルディング）」で解説されている。ここで簡単にみておこう。

1）一般補助表

①　形式区分

　情報資源は一般的に主題で分類するが，形式の情報を付け加えたい場合がある。このような場合に，主題をあらわす分類記号の後に，形式区分を加える。

・記号　一般補助表Ⅰに掲載（表9-1は抜粋）

・適用　原則として，細目表のすべての分類記号に付加できる

・使用法

（a）単純な合成　分類番号に直ちに付加する

例：「鉱物図鑑」鉱物459＋図鑑－038→459.038

（b）本表の記号が桁揃えの0を使用している場合は，0はないものとして形式区分を付加する

例：「言語の歴史」言語800→8（0は桁揃えの0であるため取り去る）

言語8＋歴史的論述－02→802（要目表にも既出）

表9-1　一般補助表Ⅰ　形式区分（抄）

```
-01　理論. 哲学
 -012　学史. 学説史. 思想史
 -016　方法論
-02　歴史的・地理的論述　＊地理区分
 -028　多数人の伝記
-03　参考図書［レファレンスブック］
 -031　書誌. 文献目録. 索引. 抄録
 -032　年表
 -033　辞典. 事典. 引用語辞典. 用語集
 -038　諸表. 図鑑. 地図
-04　論文集. 評論集. 講演集. 会議録.
 -049　随筆. 雑記
-05　逐次刊行物：新聞，雑誌，紀要
 -059　年報. 年鑑. 年次統計. 暦書
-06　団体：学会，協会，会議
-07　研究法. 指導法. 教育
 -078　教科書. 問題集
-08　叢書. 全集. 選集
 -088　資料集
```

（c）本表展開の記号と合成する記号が重なる場合

A．2類の地域史および各国史（21／279）の下では，時代による区分と抵触するので，0を補ってから付加する

例：「アメリカ合衆国歴史年表」

アメリカ合衆国史253＋0＋年表－032→253.0032

（253.032とすると「アメリカ発見時代」（253.03）の下位分類のようになってしまうので0を補う）

※時代区分の後ろに形式区分を重ねるときは，0を補う必要はない

B．本表中に展開されている各項目による時代の区分と合成されて
いる記号が重なる場合は0を補ってから付加する（332（経済史），
362（社会学），523（西洋建築），702（美術史）762（音楽史）
902（文学史）など）

例：「音楽史文献目録」

音楽史762＋0＋文献目録－031→762.0031

C．地理区分を付加する場合

外交（319），貿易（678.2）　二国間関係を扱う場合に，0を補っ
て相手国の地理区分を付加するので形式区分は0を重ねてから用
いる

例：「日本外交史辞典」

外交319＋日本－1＋0＋辞典－033　319.10033

(d) 細目表中に短縮する旨の指示がある個所はそれに従う

例：「政治史」　政治31＋歴史－02→310.2

→細目表に［310.2→312］→312

(e) 同一内容の分類項目が表中に存在する場合は，そこに収める

例：貿易統計　　貿易678＋年次統計059→678.059としたいとこ
ろだが，678.9へ（相関索引にも「貿易統計」あり）

② **地理区分**

主題の扱いが特定の地理的空間に限定されている場合は，細目表で特
別な地理区分が用意されている場合（例えば，日本，東洋，西洋の3区
分が用意されている場合など）を除いて，必要があれば，国・地域を表
す記号で細分することができる（海洋または海域の場合は，海洋区分
へ）。地理区分は形式区分02をさらに展開するものとして位置づけられ
る。地理区分を実際どこまで展開するかは各館の目録方針による。

・地理区分記号　一般補助表Ⅰ-a（表9-2は抜粋）

・地理区分の適用法

(a) 原則　主題を表す分類記号に，形式区分02を加えた後で地理区分記号を付加する

例：「フランスの博物館」
博物館＋地理的論述－02＋フランス－35
→069.0235

(b) 本表中に「＊地理区分」の表示がある場合は当該分類記号に直接付加する

例：インドの映画
778.2各国の映画　に＊地理区分の表示あり
→よって，インドの映画は（インド－25）778.225

(c) 本表中に記号の展開指示がある場合は，それに従う

例：イタリア経済事情
332.2／.7　外国経済史・事情
→よってイタリア経済事情は（イタリア－37）332.37

(d) 本表中に「＊日本地方区分」の記述がある場合は，日本の各地方，各都道府県の記号から最初の 1 を除いたものを直接付加

表 9 - 2　一般補助表 I -a 地理区分（抄）

```
－1　　日本
　－11　　北海道地方
　－12　　東北地方
　－13　　関東地方
　－14　　北陸地方
　－15　　中部地方
　－16　　近畿地方
　　－163　　大阪府
　　－164　　兵庫県
　－17　　中国地方
　－18　　四国地方
　－19　　九州地方
－2　　アジア
　－22　　中国
　－23　　東南アジア
　－25　　インド
－3　　ヨーロッパ
　－33　　イギリス
　－34　　ドイツ，中欧
　－35　　フランス
　－38　　ロシア
－4　　アフリカ
－5　　北アメリカ
　－53　　アメリカ合衆国
－6　　南アメリカ
－7　　オセアニア・両極地方
　－71　　オーストラリア
```

例：福岡県の地方行政史　地方行政史318.2　＊日本地方区分

　　　地方行政史318.2　福岡県−191→318.291

(e)　相関索引で分類記号に△を含んで指示されているものは△を地理区
　　分記号に置き換えて使用する

　　例：地図　29△038

　　　「四国地方の地図」　四国地方−18→291.8038

③　海洋区分

・海洋区分記号（抜粋）　一
　般補助表Ⅱ（表9-3は抜
　粋）

表9-3　一般補助表Ⅱ海洋区分（抄）

−1	太平洋
−2	北太平洋
−3	南太平洋
−4	インド洋
−5	大西洋
−6	地中海
−7	北極海
−8	南極海

・使用法

　本表中で＊海洋区分と注記
されている分類記号に直接付
加する。地理区分とは併用で
きない。適用できる主題は,
海洋気象．海洋気象誌（451.24）,　海洋誌（452.2）,　海図（557.78）に限
られる。

④　言語区分

　主題に次いで言語が重要な要素となっている場合　その資料に用いら
れている言語または研究対象となっている言語によってその主題を区分
する。

・言語区分記号　一般補助表Ⅲ（表9-4は抜粋）

・対象となる主題　本表中に＊言語区分と表示されている

　文学（9）,　百科事典（03）,　一般論文集（04）,　逐次刊行物（05）叢
書（08）,　商用語学（670.9）　人類学における地理区分できない人種
（469.8）

※8類に＊言語区分の表示が
ないのは，細目表ですべて
表示されているからで，8
類は実質，8＋言語区分と
なっている。
・適用法
　（a）直接付加する（原則）
　　　例：原語がハングルで書
　　　　かれた百科事典
　　　　　百科事典03＋朝鮮・
　　　　韓国語－291→032.91
　（b）03（百科事典），04

表9-4　一般補助表Ⅲ言語区分（抄）

－1　　日本語
－2　　中国語
　－29　　その他の東洋諸語
　　－291　　朝鮮語［韓国語］
－3　　英語
－4　　ドイツ語
－5　　フランス語
－6　　スペイン語
　－69　　ポルトガル語
－7　　イタリア語
－8　　ロシア語
－9　　その他の諸言語
　－92　　ラテン語
　－99　　国際語（人工語）

（論文集），05（逐次刊行物）で，9で始まるその他の諸言語の記号
を付加する場合は，899を前置きして付加する
　　例：原語がラテン語で書かれた百科事典
　　　百科事典03＋899＋ラテン語－92→038.9992
　（c）相関索引で分類記号の中に□をはさんで指示されているものは言
　　　語区分記号に置き換えて使用する
　　　例：文法　　8□5　　ドイツ語文法→（ドイツ語－4から）845

2）固有補助表

　1つの類の一部分にのみ使用される補助表で，適用される細目表中に
それぞれ掲出されているほか，第1分冊本表・補助表編の巻末にもまと
めて掲載されている。以下の10種があり，このうち，（4）日本の各地
域の歴史における時代区分は新訂10版で新設された固有補助表である。
　固有補助表は，該当する本表の分類記号に直接付加して使用する。

① **神道各派の共通細区分**

178の下に

－1教義，－2教史．教祖，－3教典，－4信仰．説教集，－5教会．教団，－6祭祀，－7布教．伝道

例：黒住教教典　黒住教178.6　＋教典－3→178.63

② **仏教各宗派の共通細区分**

188の下に

－1教義．宗学，－2宗史．宗祖．伝記，－3宗典，－4法話．語録．説教集，－5寺院．僧職，－6仏会．行持作法．法会，－7布教．伝道

例：一遍上人伝　時宗188.69　＋伝記－2→188.692

③ **キリスト教各教派の共通細区分**

198の下に

－1教義．信条，－2教会史．伝記，－3聖典，－4信仰録．説教集，－5教会．聖職，－6典礼．儀式，－7布教．伝道

例：長老教会　長老派198.5＋教会－5→198.55

④ **日本の各地域の歴史における時代区分**

沖縄県を除く各地域とも，時代によって細分することができる

－02原始時代，－03古代，－04中世，－05近世，－06近代

例：江戸期の商都大坂　大阪の歴史216.3＋近世－05→216.305

⑤ **各国・各地域の地理地誌紀行における共通細区分**

291/297の下に

－017集落地理，－0173都市地理，－0176村落地理，－0189地名，－02史跡．名勝．景観，－087写真集，－09紀行，－091探検記，－092漂流記，－093案内記

例：フランスの史跡　フランス地誌293.5＋史跡-02→293.502

⑥　**各種の技術・工学における経済的，経営的観点の細区分**

　　－09経済的・経営的観点，　－091政策．行政．法令，　－092歴史．事情

　　＊地理区分　　－093金融．市場．生産費，　－095経営．会計，　－096労

　　働

　　例：宇宙産業の生産性　宇宙工学539＋生産性－093→539.093

⑦　**様式別の建築における図集**

　　－087建築図集

　　例：ゴシック建築の写真集

　　　　ゴシック建築523.045＋図集－087→523.045087

⑧　**写真・印刷を除く各美術の図集に関する共通細区分**

　　－087美術図集　　＊鑑賞のための図版を主体とする展示目録を含む

　　例：木版画図集　　木版画733＋図集－087→733.087

⑨　**言語共通区分**

　　8類の個々の言語の分類記号に直接付加する。ただし，言語の集合（諸語）および「分類記号を複数の言語で共有している言語」には付加しない

　　例：日本語文法　言語8＋日本語－1＋文法－5→815

　　　　ベトナム語文法　言語8＋ベトナム語－2937

　　　　→829.37（－2937は言語の集合（モン・クメール諸語）であるため，言語共通区分－5は付加しない）

**表9－5　固有補助表
（9）言語共通区分**

　－1　音声，音韻，文字
　－2　語源，語義，意味
　－3　辞典
　－4　語彙
　－5　文法・語法
　－6　文章・文体・作文
　－7　読本・解釈・会話
　　－78　会話
　－8　方言・訛語

⑩　**文学共通区分**

　　9類（文学）の個々の文学の分類記号に直ちに付加する。ただし，言

語の集合（諸語）および「分
類記号を複数の言語で共有し
ている言語」の文学には付加
しない。

　例：ロシア文学の小説

　　　文学9＋ロシア語－8

　　　＋小説－3→983

　　　スワヒリ語の詩　文学

　　　9＋スワヒリ語－947

　　　→994.7

　（－947は言語の集合（ニジェール・コルドファン諸語）であるた
め，文学共通区分－1は付加しない）

表9-6　固有補助表
(10) 文学共通区分

－1	詩歌
－2	戯曲
－3	小説
－4	評論．エッセイ．随筆
－5	日記．書簡．紀行
－6	記録．手記．ルポルタージュ
－7	箴言，アフォリズム，寸言
－8	作品集

　補助表を細目表の記号に付け加えて用いると，分類記号の桁数が多く
なることがある。学校図書館の現場では，そこまでの詳細度は不要とい
う場合（10章1参照）もあろう。しかし，補助表の持つ助記性（記憶を
助ける性質）は，分類法自体に組み込まれたNDCの特徴の1つである。
また，公立図書館等との連携が活発になるにつれて公立図書館で付与さ
れた分類記号の意味理解に慣れておく必要も高まる。以上のような理由
から，補助表を解説している。中には細かい分類で桁数が多くなる場合
も取り上げているが，実際にはすべての学校図書館でこのような詳細な
分類記号付与が常に必要であるわけではなく，各館で桁数等の詳細をあ
らかじめ決めておけばよい。

（4）相関索引

　細目表が分類記号順の配列になっているのに対して，分類項目を五十

音順およびアルファベット順に配列してそれに対応する分類記号を示した一覧表が相関索引（relative index）である。

　NDC は他の多くの分類と同じように，観点分類法に属する。一主題はその主題の観点に基づいてそれぞれの学問分野に分散しておかれており，事象事物そのものではなくそれを研究する方法や取り扱われる観点を優先する分類法である。例えば「茶」でも，植物の一種という観点，商品作物としての観点，製茶の観点，茶葉を用いた飲料という観点，さらに日本文化の1つとなった茶道の観点，と取り上げる観点が複数考えられ，それぞれの取り扱い方によって，分類記号は異なる。

　相関索引とは，観点によって分類記号が異なることを，付加する限定語で相対的に示した索引，という意味であり，同一の索引語について，特定の観点の用語に対しては，その観点を示す名辞を（　）で付記し，それぞれの索引語に対応する分類記号を列挙している。情報資源の主題を正しく把握して，どの観点から記されているのか考えて選ばなければならない。また，相関索引から得られた分類記号は本表を引いて，その番号が適切か確認することも必要である。相関索引から案内された分類項目でも，よりふさわしい分類項目が下位分類に用意されていたり，逆に上位の分類項目でとどめたほうがよい場合などもあるからである。上位や下位の分類項目も本表で確認して，最も適切な分類記号を採用する。

　相関索引の具体的な使用法は10章で詳述しているので，合わせて確認しておこう。

4.　分類法の改訂と適用

　学術研究の発展による知識体系の変化に伴って，分類法は改訂が重ねられる。分類法は，版が替わると，記号の用法が変わることがある。ま

た，旧版ではなかった概念が新版では付加されたり，新たに下位区分が設けられていることもある。分類作業時には，単にどの分類法に準じるかというだけでなく，その分類法のどの版に基づいて分類するのかを確認する必要がある。

日本十進分類法は1995（平成7）年以来使用されてきた新訂9版が改訂されて，2014（平成26）年に新訂10版が刊行された。NDC新訂10版における，9版からの主要な改訂点については，序説で解説されている。序説その他によれば，NDCの根幹にかかわるような体系の変更はなく，類目表，綱目表，要目表のレベルでは新設・変更された分類記号はないが，細目表のレベルでは新たな項目名が追加されたり，固有補助表の新設があったり，その他必要な修正・追加が行われている。

例えば，手話や点字は378の障害児教育から，「音声によらない伝達」（801.9）として，それぞれ801.91，801.92に移っている（ただし，378の下位区分とする別法も設けられている）。また，9版では007.3の下位区分には007.35「情報産業，情報サービス」しかなかったが，新訂10版では007.353「ソーシャルメディア」のほか，007.37「情報セキュリティ」，そしてその下位区分に007.375「不正操作：コンピュータウイルス，ハッキング，クラッキング，マルウェア，スパイウェア」が追加されている。

図書館の現場の実務において，新しい版が発表されたからといって，直ちに新版の分類表に変更することはできない。それまで旧版で行われてきた分類と異なるものがあっても，利用者はそれがわからないからである。一館の中で用いる分類体系は統一しなければ混乱を招く。よって新版導入の際には，旧版で分類した情報資源を新版で見直しをかけて，図書館の情報資源全体を新版での分類に移行させる必要がある。所在記号の変更も伴う大規模な作業になるため，計画的な進行が求められる。

注・参考文献

『図書館情報学ハンドブック』第 2 版，丸善，1999.

久我勝利『知の分類史　常識としての博物学』中公新書ラクレ，2007.

フランシス・ベーコン「学問の発達」第 2 巻第 1 章（世界の名著『ベーコン』）中央公論社，1970.

日本図書館協会「日本十進分類法　新訂10版」日本図書館協会，2014.

付表　日本十進分類法 新訂10版　第１次区分表（類目表）

0 総記　General Works

（情報学，図書館，図書，百科事典，一般論文集，逐次刊行物，団体，ジャーナリズム，叢書）

1 哲学　Philosophy

（哲学，心理学，倫理学，宗教）

2 歴史　History

（歴史，伝記，地理）

3 社会科学　Social Sciences

（政治，法律，経済，統計，社会，教育，風俗習慣，国防）

4 自然科学　Natural Sciences

（数学，理学，医学）

5 技術　Technology

（工学，工業，家政学）

6 産業　Industry

（農林水産業，商業，運輸，通信）

7 芸術　The Arts

（美術，音楽，演劇，スポーツ，諸芸，娯楽）

8 言語　Language

9 文学　Literature

日本十進分類法新訂10版　第 2 次区分表（綱目表）

00　総記	50　技術．工学
01　　図書館．図書館情報学	51　　建設工学．土木工学
02　　図書．書誌学	52　　建築学
03　　百科事典．用語索引	53　　機械工学．原子力工学
04　　一般論文集．一般講演集．雑著	54　　電気工学
05　　逐次刊行物．一般年鑑	55　　海洋工学．船舶工学．兵器．軍事工学
06　　団体．博物館	
07　　ジャーナリズム．新聞	56　　金属工学．鉱山工学
08　　叢書．全集．選集	57　　化学工業
09⁺　貴重書．郷土資料．その他の特別コレクション	58　　製造工業
	59　家政学．生活科学
10　哲学	60　産業
11　　哲学各論	61　　農業
12　　東洋思想	62　　園芸．造園
13　　西洋哲学	63　　蚕糸業
14　　心理学	64　　畜産業．獣医学
15　　倫理学．道徳	65　　林業．狩猟
16　宗教	66　　水産業
17　　神道	67　　商業
18　　仏教	68　　運輸．交通．観光事業
19　　キリスト教．ユダヤ教	69　　通信事業
20　歴史	70　芸術．美術
21　　日本史	71　　彫刻．オブジェ
22　　アジア史．東洋史	72　　絵画．書．書道
23　　ヨーロッパ史．西洋史	73　　版画．印章．篆刻．印譜
24　　アフリカ史	74　　写真．印刷
25　　北アメリカ史	75　　工芸
26　　南アメリカ史	76　　音楽．舞踊．バレエ
27　　オセアニア史．両極地方史	77　　演劇．映画．大衆芸能
28　　伝記	78　スポーツ．体育
29　地理．地誌．紀行	79　諸芸．娯楽
30　社会科学	80　言語
31　　政治	81　　日本語
32　　法律	82　　中国語．その他の東洋の諸言語
33　　経済	83　　英語
34　　財政	84　　ドイツ語．その他のゲルマン諸語
35　　統計	85　　フランス語．プロバンス語
36　　社会	86　　スペイン語．ポルトガル語
37　　教育	87　　イタリア語．その他のロマンス諸語
38　　風俗習慣．民俗学．民族学	88　　ロシア語．その他のスラブ諸語
39　　国防．軍事	89　　その他の諸言語
40　自然科学	90　文学
41　　数学	91　　日本文学
42　　物理学	92　　中国文学．その他の東洋文学
43　　化学	93　　英米文学
44　　天文学．宇宙科学	94　　ドイツ文学．その他のゲルマン文学
45　　地球科学．地学	95　　フランス文学．プロバンス文学
46　　生物科学．一般生物学	96　　スペイン文学．ポルトガル文学
47　　　植物学	97　　イタリア文学．その他のロマンス文学
48　　　動物学	98　　ロシア．ソビエト文学．その他のスラブ文学
49　医学．薬学	99　　その他の諸言語文学

日本十進分類法新訂10版　第3次区分表（要目表）

000	総記		050	逐次刊行物
001				＊原著の言語による言語区分
002	知識. 学問. 学術		051	日本語
003			052	中国語
004			053	英語
005			054	ドイツ語
006			055	フランス語
007	情報学. 情報科学		056	スペイン語
008			057	イタリア語
009			058	ロシア語
			059	一般年鑑　＊地理区分
010	図書館. 図書館学		060	団体
011	図書館政策. 図書館行財政		061	学術・研究機関
012	図書館建築. 図書館設備		062	
013	図書館経営・管理		063	文化交流機関
014	情報資源の収集・組織化・保存		064	
015	図書館サービス. 図書館活動		065	親睦団体. その他の団体
016	各種の図書館		066	
017	学校図書館		067	
018	専門図書館		068	
019	読書. 読書法		069	博物館
020	図書. 書誌学		070	ジャーナリズム. 新聞
021	著作. 編集			＊発行地による地理区分
022	写本. 刊本. 造本		071	日本
023	出版　＊地理区分		072	アジア
024	図書の販売　＊地理区分		073	ヨーロッパ
025	一般書誌. 全国書誌　＊地理区分		074	アフリカ
026	稀書目録. 善本目録		075	北アメリカ
027	特種目録		076	南アメリカ
028	選定図書目録. 参考図書目録		077	オセアニア. 両極地方
029	蔵書目録. 総合目録		078	
			079	
030	百科事典		080	叢書. 全集. 選集
	＊原著の言語による言語区分			＊原著の言語による言語区分
031	日本語		081	日本語
032	中国語		082	中国語
033	英語		083	英語
034	ドイツ語		084	ドイツ語
035	フランス語		085	フランス語
036	スペイン語		086	スペイン語
037	イタリア語		087	イタリア語
038	ロシア語		088	ロシア語
039	用語索引		089	その他の諸言語
040	一般論文集. 一般講演集		090+	貴重書. 郷土資料. その他の特別コレクション
	＊原著の言語による言語区分			
041	日本語		091	
042	中国語		092	
043	英語		093	
044	ドイツ語		094	
045	フランス語		095	
046	スペイン語		096	
047	イタリア語		097	
048	ロシア語		098	
049	雑著		099	

100	哲学	150	倫理学. 道徳
101	哲学理論	151	倫理各論
102	哲学史	152	家庭倫理. 性倫理
103	参考図書［レファレンスブック］	153	職業倫理
104	論文集. 評論集. 講演集	154	社会倫理［社会道徳］
105	逐次刊行物	155	国体論. 詔勅
106	団体	156	武士道
107	研究法. 指導法. 哲学教育	157	報徳教. 石門心学
108	叢書. 全集. 選集	158	その他の特定主題
109		159	人生訓. 教訓

110	哲学各論	160	宗教
111	形而上学. 存在論	161	宗教学. 宗教思想
112	自然哲学. 宇宙論	162	宗教史・事情　＊地理区分
113	人生観. 世界観	163	原始宗教. 宗教民族学
114	人間学	164	神話. 神話学　＊地理区分
115	認識論	165	比較宗教
116	論理学. 弁証法. 方法論	166	道教
117	価値哲学	167	イスラム
118	文化哲学. 技術哲学	168	ヒンズー教. ジャイナ教
［119］	芸術哲学. 美学　→701	169	その他の宗教. 新興宗教
			＊発祥国による地理区分

120	東洋思想	170	神道
121	日本思想	171	神道思想. 神道説
122	中国思想. 中国哲学	172	神祇・神道史
123	経書	173	神典
124	先秦思想. 諸子百家	174	信仰録. 説教集
125	中世思想. 近代思想	175	神社. 神職
126	インド哲学. バラモン教	176	祭祀
127		177	布教. 伝道
128		178	各教派. 教派神道
129	その他の東洋思想. アラブ哲学	179	

130	西洋哲学	180	仏教
131	古代哲学	181	仏教教理. 仏教哲学
132	中世哲学	182	仏教史　　＊地理区分
133	近代哲学	183	経典
134	ドイツ・オーストリア哲学	184	法話・説教集
135	フランス・オランダ哲学	185	寺院. 僧職
136	スペイン・ポルトガル哲学	186	仏会
137	イタリア哲学	187	布教. 伝道
138	ロシア哲学	188	各宗
139	その他の哲学	189	

140	心理学	190	キリスト教
141	普通心理学. 心理各論	191	教義. キリスト教神学
142		192	キリスト教史. 迫害史
143	発達心理学		＊地理区分
144		193	聖書
145	異常心理学	194	信仰録. 説教集
146	臨床心理学. 精神分析学	195	教会. 聖職
147	超心理学. 心霊研究	196	典礼. 祭式. 礼拝
148	相法. 易占	197	布教. 伝道
［149］	応用心理学　→140	198	各教派. 教会史
		199	ユダヤ教

200 歴史
201 　歴史学
202 　歴史補助学
203 　参考図書［レファレンスブック］
204 　論文集．評論集．講演集
205 　逐次刊行物
206 　団体
207 　研究法．指導法．歴史教育
208 　叢書．全集．選集
209 世界史．文化史

210 日本史
211 　北海道地方
212 　東北地方
213 　関東地方
214 　北陸地方
215 　中部地方
216 　近畿地方
217 　中国地方
218 　四国地方
219 　九州地方

220 アジア史．東洋史
221 　朝鮮
222 　中国
223 　東南アジア
224 　　インドネシア
225 　インド
[226]　西南アジア．中東［中近東］→227
227[+]　西南アジア．中東［中近東］
[228]　アラブ諸国　→227
229 　アジアロシア

230 ヨーロッパ史．西洋史
231 　古代ギリシア
232 　古代ローマ
233 　イギリス．英国
234 　ドイツ．中欧
235 　フランス
236 　スペイン［イスパニア］
237 　イタリア
238 　ロシア
239 　バルカン諸国

240 アフリカ史
241 　北アフリカ
242 　　エジプト
243 　　マグレブ諸国
244 　西アフリカ
245 　東アフリカ
246
247
248 　南アフリカ
249 　インド洋のアフリカ諸島

250 北アメリカ史
251 　カナダ
252
253 　アメリカ合衆国
254
255 　ラテン・アメリカ［中南米］
256 　　メキシコ
257 　　中央アメリカ［中米諸国］
258
259 　　西インド諸島

260 南アメリカ史
261 　北部諸国［カリブ沿海諸国］
262 　ブラジル
263 　パラグアイ
264 　ウルグアイ
265 　アルゼンチン
266 　チリ
267 　ボリビア
268 　ペルー
269

270 オセアニア史．両極地方史
271 　オーストラリア
272 　ニュージーランド
273 　メラネシア
274 　ミクロネシア
275 　ポリネシア
276 　ハワイ
277 　両極地方
278 　　北極．北極地方
279 　　南極．南極地方

280 伝記　　　＊地理区分
281 　日本
282 　アジア
283 　ヨーロッパ
284 　アフリカ
285 　北アメリカ
286 　南アメリカ
287 　オセアニア．両極地方
288 　系譜．家史．皇室
289 　個人伝記

290 地理．地誌．紀行　　＊地理区分
291 　日本
292 　アジア
293 　ヨーロッパ
294 　アフリカ
295 　北アメリカ
296 　南アメリカ
297 　オセアニア．両極地方
298
299 　海洋

300　社会科学
301　　理論．方法論
302　　政治・経済・社会・文化事情
　　　　　＊地理区分
303　　参考図書［レファレンスブック］
304　　論文集．評論集．講演集
305　　逐次刊行物
306　　団体
307　　研究法．指導法．社会科学教育
308　　叢書．全集．選集
309　　社会思想

310　政治
311　　政治学．政治思想
312　　政治史・事情　＊地理区分
313　　国家の形態．政治体制
314　　議会　　＊地理区分
315　　政党．政治結社　＊地理区分
316　　国家と個人・宗教・民族
317　　行政
318　　地方自治．地方行政
319　　外交．国際問題　＊地理区分

320　法律
321　　法学
322　　法制史
323　　憲法　　　　　＊地理区分
324　　民法．民事法
325　　商法．商事法
326　　刑法．刑事法
327　　司法．訴訟手続法
［328］　諸法
329　　国際法

330　経済
331　　経済学．経済思想
332　　経済史・事情．経済体制
　　　　　＊地理区分
333　　経済政策．国際経済
334　　人口．土地．資源
335　　企業．経営
336　　　経営管理
337　　貨幣．通貨
338　　金融．銀行．信託
339　　保険

340　財政
341　　財政学．財政思想
342　　財政史・事情　＊地理区分
343　　財政政策．財務行政
344　　予算．決算　　＊地理区分
345　　租税
346
347　　公債．国債
348　　専売．国有財産
349　　地方財政

350　統計　＊地理区分
351　　日本
352　　アジア
353　　ヨーロッパ
354　　アフリカ
355　　北アメリカ
356　　南アメリカ
357　　オセアニア．両極地方
358　　人口統計．国勢調査　＊地理区分
［359］　各種の統計書

360　社会
361　　社会学
362　　社会史．社会体制　＊地理区分
363
364　　社会保障
365　　生活・消費者問題
366　　労働経済．労働問題
367　　家族問題．男性・女性問題．老人
　　　　問題
368　　社会病理
369　　社会福祉

370　教育
371　　教育学．教育思想
372　　教育史・事情　　＊地理区分
373　　教育政策．教育制度．教育行財政
374　　学校経営・管理．学校保健
375　　教育課程．学習指導．教科別教育
376　　幼児・初等・中等教育
377　　大学．高等・専門教育．学術行政
378　　障害児教育［特別支援教育］
379　　社会教育

380　風俗習慣．民俗学．民族学
381
382　　風俗史．民俗誌．民族誌
　　　　　＊地理区分
383　　衣食住の習俗
384　　社会・家庭生活の習俗
385　　通過儀礼．冠婚葬祭
386　　年中行事．祭礼　　＊地理区分
387　　民間信仰．迷信［俗信］
388　　伝説．民話［昔話］　＊地理区分
389　　民族学．文化人類学

390　国防．軍事
391　　戦争．戦略．戦術
392　　国防史・事情．軍事史・事情
　　　　　＊地理区分
393　　国防政策・行政・法令
394　　軍事医学．兵食
395　　軍事施設．軍需品
396　　陸軍
397　　海軍
398　　空軍
399　　古代兵法．軍学

500　技術．工学	550　海洋工学．船舶工学
501　　工業基礎学	551　　理論造船学
502　　技術史．工学史　＊地理区分	552　　船体構造・材料・施工
503　　参考図書［レファレンスブック］	553　　船体艤装．船舶設備
504　　論文集．評論集．講演集	554　　舶用機関［造機］
505　　逐次刊行物	555　　船舶修理．保守
506　　団体	556　　各種の船舶・艦艇
507　　研究法．指導法．技術教育	557　　航海．航海学
508　　叢書．全集．選集	558　　海洋開発
509　　工業．工業経済	559　兵器．軍事工学
510　建設工学．土木工学	560　金属工学．鉱山工学
511　　土木力学．建設材料	561　　採鉱．選鉱
512　　測量	562　　各種の金属鉱床・採掘
513　　土木設計・施工法	563　　冶金．合金
514　　道路工学	564　　　鉄鋼
515　　橋梁工学	565　　　非鉄金属
516　　鉄道工学	566　　　金属加工．製造冶金
517　　河海工学．河川工学	567　　石炭
518　　衛生工学．都市工学	568　　石油
519　　環境工学．公害	569　　非金属鉱物．土石採取業
520　建築学	570　化学工業
521　　日本の建築	571　　化学工学．化学機器
522　　東洋の建築．アジアの建築	572　　電気化学工業
523　　西洋の建築．その他の様式の建築	573　　セラミックス．窯業．珪酸塩化学
＊地理区分	工業
524　　建築構造	574　　化学薬品
525　　建築計画・施工	575　　燃料．爆発物
526　　各種の建築	576　　油脂類
527　　　住宅建築	577　　染料
528　　建築設備．設備工学	578　　高分子化学工業
529　　建築意匠・装飾	579　　その他の化学工業
530　機械工学	580　製造工業
531　　機械力学・材料・設計	581　　金属製品
532　　機械工作．工作機械	582　　事務機器．家庭機器．楽器
533　　熱機関．熱工学	583　　木工業．木製品
534　　流体機械．流体工学	584　　皮革工業．皮革製品
535　　精密機器．光学機器	585　　パルプ・製紙工業
536　　運輸工学．車輌．運搬機械	586　　繊維工学
537　　自動車工学	587　　染色加工．染色業
538　　航空工学．宇宙工学	588　　食品工業
539　原子力工学	589　　その他の雑工業
540　電気工学	590　家政学．生活科学
541　　電気回路・計測・材料	591　　家庭経済・経営
542　　電気機器	592　　家庭理工学
543　　発電	593　　衣服．裁縫
544　　送電．変電．配電	594　　手芸
545　　電灯．照明．電熱	595　　理容．美容
（546　　電気鉄道）	596　　食品．料理
547　　通信工学．電気通信	597　　住居．家具調度
548　　情報工学	598　　家庭衛生
549　　電子工学	599　　育児

700	芸術. 美術	750	工芸
701	芸術理論. 美学	751	陶磁工芸
702	芸術史. 美術史　＊地理区分	752	漆工芸
703	参考図書［レファレンスブック］	753	染織工芸
704	論文集. 評論集. 講演集	754	木竹工芸
705	逐次刊行物	755	宝石・牙角・皮革工芸
706	団体	756	金工芸
707	研究法. 指導法. 芸術教育	757	デザイン. 装飾美術
708	叢書. 全集. 選集	758	美術家具
709	芸術政策. 文化財　＊地理区分	759	人形. 玩具
710	彫刻	760	音楽
711	彫塑材料・技法	761	音楽の一般理論. 音楽学
712	彫刻史. 各国の彫刻　＊地理区分	762	音楽史. 各国の音楽　＊地理区分
713	木彫	763	楽器. 器楽
714	石彫	764	器楽合奏
715	金属彫刻. 鋳造	765	宗教音楽. 聖楽
716		766	劇音楽
717	粘土彫刻. 塑造	767	声楽
718	仏像	768	邦楽
719+	オブジェ	769	舞踊. バレエ　＊地理区分
720	絵画	770	演劇
721	日本画	771	劇場. 演出. 演技
722	東洋画	772	演劇史. 各国の演劇　＊地理区分
723	洋画　＊地理区分	773	能楽. 狂言
724	絵画材料・技法	774	歌舞伎
725	素描. 描画	775	各種の演劇
726	漫画. 挿絵. 児童画	776	
727	グラフィックデザイン. 図案	777	人形劇　　　＊地理区分
728	書. 書道	778	映画
729		779	大衆演芸
730	版画	780	スポーツ. 体育
731	版画材料・技法	781	体操. 遊戯
732	版画史. 各国の版画　＊地理区分	782	陸上競技
733	木版画	783	球技
734	石版画［リトグラフ］	784	冬季競技
735	銅版画. 鋼版画	785	水上競技
736	リノリウム版画. ゴム版画	786	戸外レクリエーション
737	写真版画. 孔版画	787	釣魚. 遊猟
738		788	相撲. 拳闘. 競馬
739	印章. 篆刻. 印譜	789	武術
740	写真	790	諸芸. 娯楽
741		791	茶道
742	写真器械・材料	792	香道
743	撮影技術	793	花道［華道］
744	現像. 印画	794	ビリヤード
745	複写技術	795	囲碁
746	特殊写真	796	将棋
747	写真の応用	797	射倖ゲーム
748	写真集	798	その他の室内娯楽
749	印刷	799	ダンス

900	文学　＊言語区分		950	フランス文学
901	文学理論・作法		951	詩
902	文学史．文学思想史		952	戯曲
903	参考図書［レファレンスブック］		953	小説．物語
904	論文集．評論集．講演集		954	評論．エッセイ．随筆
905	逐次刊行物		955	日記．書簡．紀行
906	団体		956	記録．手記．ルポルタージュ
907	研究法．指導法．文学教育		957	箴言．アフォリズム．寸言
908	叢書．全集．選集		958	作品集
909	児童文学研究		959	プロバンス文学

910	日本文学		960	スペイン文学
911	詩歌		961	詩
912	戯曲		962	戯曲
913	小説．物語		963	小説．物語
914	評論．エッセイ．随筆		964	評論．エッセイ．随筆
915	日記．書簡．紀行		965	日記．書簡．紀行
916	記録．手記．ルポルタージュ		966	記録．手記．ルポルタージュ
917	箴言．アフォリズム．寸言		967	箴言．アフォリズム．寸言
918	作品集		968	作品集
919	漢詩文．日本漢文学		969	ポルトガル文学

920	中国文学		970	イタリア文学
921	詩歌．韻文．詩文		971	詩
922	戯曲		972	戯曲
923	小説．物語		973	小説．物語
924	評論．エッセイ．随筆		974	評論．エッセイ．随筆
925	日記．書簡．紀行		975	日記．書簡．紀行
926	記録．手記．ルポルタージュ		976	記録．手記．ルポルタージュ
927	箴言．アフォリズム．寸言		977	箴言．アフォリズム．寸言
928	作品集		978	作品集
929	その他の東洋文学		979	その他のロマンス文学
				＊879のように言語区分

930	英米文学		980	ロシア・ソビエト文学
931	詩		981	詩
932	戯曲		982	戯曲
933	小説．物語		983	小説．物語
934	評論．エッセイ．随筆		984	評論．エッセイ．随筆
935	日記．書簡．紀行		985	日記．書簡．紀行
936	記録．手記．ルポルタージュ		986	記録．手記．ルポルタージュ
937	箴言．アフォリズム．寸言		987	箴言．アフォリズム．寸言
938	作品集		988	作品集
［939］	アメリカ文学　→930/938		989	その他のスラブ文学
				＊889のように言語区分

940	ドイツ文学		990	その他の諸言語文学
941	詩		991	ギリシア文学
942	戯曲		992	ラテン文学
943	小説．物語		993	その他のヨーロッパ文学
944	評論．エッセイ．随筆		994	アフリカ文学
945	日記．書簡．紀行		995	アメリカ諸言語の文学
946	記録．手記．ルポルタージュ		996	
947	箴言．アフォリズム．寸言		997	オーストラリア諸言語の文学
948	作品集		998	
949	その他のゲルマン文学		999	国際語［人工語］による文学
	＊849のように言語区分			

10 | 学校図書館メディアの主題索引法 2

米谷優子

《目標＆ポイント》　学校図書館メディアの分類の実際として，分類作業のプロセスを学習する。「日本十進分類法」を用いた分類作業について例をあげて解説し，メディア分類の実践力を養う。
《キーワード》　日本十進分類法新訂10版，分類作業，分類指針，主題分析，分類規程，相関索引，所在記号

1. 分類作業

　日本十進分類法では，第2分冊相関索引・使用法編に，相関索引に続いて，「『日本十進分類法　新訂10版』の使用法」を掲載している。

　分類作業は，分類指針を定めたうえで，各情報資源の主題分析を行い，その主題を適切に表すと思われる語彙を分類規程に従って選択し，相関索引でその語を参照して，本表で確認のうえ適切な分類記号を付与する，という流れが一般的である。

　「『日本十進分類法　新訂10版』の使用法」を見ながら，分類作業のプ

表10-1　『日本十進分法　新訂10版』の使用法

I　NDC の一般的な適用について
1　分類作業
2　分類規程
3　各類における分類記号の付与
4　番号構築
5　相関索引の使用法
II　NDC の各館での適用について
1　簡略分類と詳細分類
2　別法について
3　館種別適用
4　分類配架
5　別置

出典：『日本十進分類法　新訂10版』
　　　第2分冊相関索引・使用法編

ロセスを確認していこう。

（1）分類指針

　情報資源の分類にあたっては，準拠する分類表を決めた上で，分類に関する個別の方針・各館の分類の基準を定め，成文化しておく。その内容には，別置等の情報資源に関する規程と，分類表の適用基準，別法の扱い，分類項目の範囲や解釈，新主題の新設・展開等を含む。分類の詳細度は主題ごとに決定する。図書館の種類，蔵書量，蔵書構成，閲覧方式などを考慮して決める必要があり，「『日本十進分類法　新訂10版』の使用法」では「Ⅱ各館での適用について」で解説されている。

　NDCでは適用する分類表の詳細度について，蔵書の量に応じて，1万冊以下なら第3次区分，1−5万冊でも第3次区分，一部第4次区分としている。さらに館種ごとの特徴として，学校図書館では，公立図書館との併行利用を考えた場合，第3次区分とするのが児童生徒にとって有益と述べている。職業科や専攻科を有する学校やその他特徴的なコレクションを持つ学校図書館では，その分野の資料についてはより詳細な分類表を適用し，他は第3次区分，一部第4次区分とするのが一般的である。

　先にも述べたように，補助表等を用いた場合など桁数が長くなることがあるが，常に最大限の桁数を学校図書館の現場で用いなければならないわけではない。どこまで詳細な分類記号を用いるかを図書館の規模や蔵書構成に合わせて決めればよい。

　分類指針は見直しや追加によって維持管理し，継続性・一貫性を保つことが大切である。

（2）主題分析とその手がかり

　主題を把握する工程が主題分析である。

　情報資源の主題分析の手がかりには以下のものがある。次の優先順位で分析を行い，情報資源の主題を的確に把握することが求められる。

1）タイトル・タイトル関連情報

　タイトル（書名）は多くの場合その主題を端的に表現している。中には関心を引くことを優先して具体的な内容と結びつきにくいタイトルの情報資源もあるが，その場合副書名等をつけてその内容を示していることが少なくない。

2）著者

　著者の研究分野は主題分析のヒントになる。過去の著作がどのような主題を扱ったものが多いかも見てみるとよい。

3）目次

　目次は内容の要約である。

4）序文・あとがき・跋文

　序文やあとがきなどでは，著者・編者の執筆・編集意図が述べられていることが多い。

5）解説文

　著者以外の執筆者による客観的な解説が得られる。

6）帯やその他の宣伝文

7）その情報資源に収録されている参考文献

　その情報資源に収録されている参考文献欄には類似した主題や，情報資源の主題の一部を扱ったものが掲載されていることが多い。

　なお，主題は，特殊記入の原則（C. A. Cutter）に従い，最も適切な主題を選択することが肝要である。例えば，『ラグビーの愉しみ』とい

う図書からは，「ラグビー」という主題を抽出するべきで，上位概念の「球技」や「スポーツ」をあてるのは適切ではない。「球技」や「スポーツ」に分類されるものが多すぎて，資料検索の十分な助けになるとはいえないからである。

　ただし，たとえば『パティシエが教えるチーズケーキ』という図書に対して，主題を「チーズケーキ」とのみするのは，一般的な学校図書館においてはやはり適切とはいえない。この主題をもつ一般的な情報資源は少数で，ここまで細かくすると，逆に分ける意味がなくなってしまうからである。この場合の主題はチーズケーキの上位概念である「菓子」の段階で留めるか，あるいは「チーズケーキ」に加えて「菓子」をも主題として抽出するのが適切である。一方，職業科や専攻科を有する学校の図書館で，菓子の種類ごとの情報資源を多数所蔵しそれらを分ける必要があるのであれば，菓子の種類のレベルの「ケーキ」，あるいは「洋菓子」をあてるのは有効かもしれない。ただし，いずれの場合でも，「料理」や「家政学」は概念が広すぎて不適切である。

　分類の意義は異なるものを区別するだけでなく，同種のものを集めることにもあることを考慮して，適切なレベルの主題を抽出するよう留意する。

（3）分類規程

　主題分析の際は「分類規程」（Classification code）に従う。分類規程とは，統一のとれた分類ができるように，複雑な主題の取扱い方法をあらかじめ決めておいた原則で，すべての主題について適用する。NDC新訂10版では，各図書館に共通し，分類作業に全般的に関係する一般分類規程が，「『日本十進分類法　新訂10版』の使用法」中に掲載されている。

一般分類規程を以下に見ておこう。

1）主題の観点

①主題の観点による分類

　NDCは観点分類法であるので，まず主題の観点（学問分野）を明確にし，その観点の下に用意された主題に分類する。

②複数の観点からみた主題

　観点が2以上の場合，主たる観点が明らかであれば，その観点から分類する。主たる観点が不明な時は，その主題にとって最も基本となる分類項目に分類する。観点が2以上の場合はそれぞれの観点の下の分類記号を分類重出しておくのがよい。

2）主題と形式

①情報資源は主題によって分類し，その上で必要があれば主題を表す叙述および出版形式（形式区分01-08）によって細分する。

　例：農業年鑑　農業61＋年鑑－059　→　610.59

　ただし，0類の大部分（03，04，05，08）は出版形式で分類する。文学（9類）については言語区分のうえ，文学共通区分という文学形式，芸術作品（7類）については，芸術の表現形式によって分類する。

　例：井上靖「孔子」→　日本の小説（現代）913.6

3）原著作と関連著作

①原則

　特定の著作の翻訳，批評，研究，解説，辞典，索引などは原著の分類される分類項目の下に分類する。

　例：資本論　331.6　→　資本論索引　331.6

②語学学習書

　語学（日本語古典を含む）の学習が主目的の対訳書，注解書の類は，学習される言語の解釈，読本として分類する。

　　例：ハムレット（対訳本）→　英語読本　837.7

③翻案，脚色

　　原作の分類項目とは独立して，翻案作家，脚色家の作品として分類する。

　　例：風と共に去りぬシナリオ（ミッチェル原作，菊田一夫脚色）

　　　　→　近代日本の戯曲　912.6

④特定意図による抄録

　　例：回想の織田信長―フロイス「日本史」より　→　個人の伝記　289

４）複数主題（１つの著作で，複数の主題を並列的に扱っている場合）

①複数主題のうち１主題が特に中心になって取り扱われているときは中心となる主題のもとに分類する。

②２，３個の主題を扱っていてどの主題も特に中心になる主題がないときは最初の主題に分類する。

　　例：長唄・清元・常磐津（扱いに軽重はない）→　長唄　768.58

　　ただし，２，３個の主題を扱っていて特に中心になる主題がないときでも，それらがある主題を構成する主要な下位区分から成る場合は，上位の主題の分類記号を付与する。

　　例：屋久島の動物と植物　→　屋久島の生物誌　462.197

　　　　動物誌と植物誌から，最初の主題の動物誌とはしない

　　　　（生物誌の主要な下位区分は，動物誌と植物誌のみであるため）

③４以上の主題を扱っていて特に主になる主題がない場合は，それらを含む上位概念のもとに分類する。

　　例：トカゲ・ヘビ・カメ・ワニ　→　爬虫類　487.9

　　※書誌分類記号としては，複数の主題それぞれに対応する複数の分類記号を必要に応じて分類重出することが望まれる。

5）主題と主題の関連（通常は独立している主題同士が結びついた場合）

①影響関係……影響を受けた側へ

　例：ロシア風景画へのフランス印象派の影響 → ロシア絵画 723.38

　ただし，個人の思想業績が多数の人に影響を与えた場合は，個人の側に分類する。

　例：トルストイと日本人 → トルストイ 980.2

②因果関係……結果の方へ

　例：大気の汚染と呼吸器疾患 → 呼吸器疾患 493.3

③上位概念と下位概念　全体と部分……上位概念（全体）へ

　例：都市計画とサイン → 都市計画 518.8

　ただし，上位概念が漠然としているときは下位概念によって分類する。

　例：能と日本文化 → 能楽 773

④比較対照……その尺度によって比較されている対象（著者の重点）へ

　例：日本人とドイツ人（二国を比較しながら，日本について論じる）

　　　→ 日本の政治・経済・社会・文化事情 302.1

⑤主題と材料

　特定主題を説明するために材料として取り扱われたものは，材料のいかんを問わず，説明している特定主題で分類する。

　例：新聞記事に学ぶ株式会社法入門 → 株式会社 325.24

⑥理論と応用

　a）特定主題の理論と応用を扱ったものは応用へ

　　例：推計学の都市工学への応用 → 都市工学 518

　b）特定理論の特定主題への応用は，その応用へ

　　例：化学と犯罪 → 犯罪捜査 317.55

⑦主題と目的

特定の目的のために，特定主題分野の利用者のみを対象として著された著作は，原則としてその目的とした主題の下に分類する。

例：看護師のための英会話 → 看護教育　492.097

ただし，基本となる主題の入門書的性格を持つ場合には，目的とした主題ではなく，基本となる主題の下に分類する。

例：大学生のための論文作成法 → 論文（日本語）816.5

6）新主題

分類表に示されていない主題に関する著作は，その主題と最も密接な関係があると思われる主題を考察しその分類項目に収めるかまたは新しい分類項目を設けて分類する。

（4）相関索引とその使用法

相関索引は，同一の索引語について，特定の観点の用語に対しては，その観点を示す名辞を（　）で限定語として付記し，それぞれの索引語に対応する分類記号を列挙している。限定語の付加によって，観点によって分類記号が異なることを相対的に示している。

相関索引の使用法は，「『日本十進分類法　新訂10版』の使用法」に記載されている。相関索引では，ある主題の分類記号がわからないときに引いて確認することができるほか，ある主題に対する観点の相対関係や，合成語については，基礎となる語と他の合成語を一括して確認することもできる。なお，地理区分記号，海洋区分記号が，＊（アスタリスク）を付けて斜体字で表わされており（例：宝塚 *164，エーゲ海 **65 など）それらを調べることもできる。この地理区分記号，海洋区分記号は，補助表の記号であるから，単独で用いることはできない。

分類作業においては，情報資源の主題を正しく把握し，分類規程を適用して，相関索引を引く語を決める。索引にその語彙がない場合は，同

義語，または上位概念を示す語で引くなどする。そして相関索引中のどの観点から記されているのか考えて，対応する分類記号を決める。

　相関索引から得られた分類記号は，必ず本表（細目表）を引いて，その記号を適用してよいか確認する。相関索引から案内された分類項目でも，よりふさわしい分類項目が下位分類に用意されていたり，逆に上位の分類項目でとどめたほうがよい場合などもある。言葉の文字列だけにとらわれず，上位になっている分類項目や下位に用意されている項目などを本表で確認して，最も適切な分類記号を採用することが重要である。

　なお，相関索引中，分類記号の中に△で指示されたものは適用に際してこれを地理区分記号に，□は言語区分記号に，それぞれ置き換えて使用することになっている。

　例として，以下の４種の情報資源の分類を考えてみよう。
A『お茶のいれ方とマナー』（日本茶・紅茶等の茶葉の量や淹れ方を紹
　介）
B『茶の木とサザンカ　植物百科シリーズ』
C『茶の栽培』（チャの品種，チャの病害と防除など解説）
D『お茶の道しるべ』（茶道家元が茶道の基礎知識や楽しみ方を解説）
　主題分析の結果，いずれも「茶」が主題を表す語として抽出されるので，相関索引で「茶」をひく。相関索引の「茶」の部分には，表10-2のように５つの観点からの分類記号が示されている。
　Ａは，日常生活での飲料としてのお茶の淹れ方についての情報資源と考えられる。よって，相関索引のうち，茶（食品）が適切といえるので，596.7を選び本表で確認する。596料理の下位概念の「飲料」であり，これで適切といえる。

Bは，植物としての茶の木についての情報資源であるから，茶（植物学）から479.85を採用し，本表で確認する。

Cは工芸作物としてのチャの木の栽培方法などについて解説している。よって，茶（作物栽培）が適切として，617.4を本表で確認する。

表10 - 2　NDC 新訂10版の相関索引「茶」の項

茶（作物栽培）	617.4
（茶道）	791.3
（食品）	596.7
（植物学）	479.85
（農産加工）	619.8

Dは，茶道の観点からの情報資源と考えられるので，相関索引「茶」のうち，791.3を候補として採用し，本表を見てみる。すると，791が茶道を示し，791.3は茶道で用いられる材料としての茶（抹茶）に対しての分類記号であることがわかる。この情報資源の主題を表す番号としては791でとどめるのがよい（相関索引には茶道，茶の湯という索引語も掲載されており，791が案内されている）。

2.　分類記号と所在記号

　主題分析によって求められた分類記号は書誌分類としては，必要な数だけ付与することができる。網羅的主題についても分類記号を付与しておけば（分類重出），情報資源をより多面的に活用できる。

　ただし，分類記号を配架に用いる場合は，要約主題に対応した分類記号を書架分類記号として採用する。ラベル出力する書架分類記号は，桁数が多くてラベルに記入しきれなかったり，ラベル表示が見にくくなったりする場合は，その桁数を減じたものでよい。

　7章3で述べたように，主題別分類順配架を採用する図書館では，分類記号（書架分類），図書記号，巻冊記号からなる所在記号（請求記号ともいう）をラベルに出力し，それを図書の背に貼付して，その順に配架する。配架の優先順位は，分類記号，図書記号，巻冊記号の順である。

なお，別置する情報資源（参考図書，文庫本，大型本，絵本など）は，分類記号の前に，アルファベット1文字を付加して，別置であることを示すことがよく行われている。参考図書はR（Reference），文庫本はB（Bunko），大型本はL（Large），絵本はE（Ehon）またはP（Picture）などが一般的である（詳細は7章3の解説を確認してほしい）。

3．分類作業の実際

ここで，いくつかの情報資源を例にとって，分類記号付与のプロセスを見ていこう。実際には学校図書館の規模に応じて，3桁または4桁までの番号でとどめるのがよい場合もあるが，ここでは，分類記号付与の考え方を解説するため，最も詳しい番号の場合を取り上げている。

〈例1〉『北米史事典』

主題は北米史（北米の歴史）であり，事典は形式である。分類規程により，主題でまず分類するので，「北米史」で相関索引を引いてみるが，相関索引にはこの語はない。そこで，類語である「北アメリカ史」を引いてみると，250への案内がある。本表で250を引き確認する。

「事典」は形式区分で付加することにすると，一般補助表Ⅰから形式区分「事典」は−033であることがわかる。これを付加するに際して，250の最後の0は桁揃えの0であり，「桁揃えの0はこれをとってから付加する」，一方，「2類における地域史及び各国史（21／279）の下では，時代による区分と抵触するので0を補ってから付加する」の原則に従って，北米史250→25＋0＋−033より，250.033となる。

〈例2〉『法然・親鸞』（法然と親鸞の伝記　扱いに軽重はない）

1人または2人までの伝記は通常289に分類するが，法然，親鸞はと

表10 - 3　　NDC 細目表289の注記

> **289　個人伝記**　Individual biography
> 　＊ここには個人（2人をも含む）の伝記および伝記資料一切を収める；ただし，哲学者，宗教家，芸術家，スポーツ選手［スポーツマン］，諸芸に携わる者および文学者（文学研究者を除く）の伝記は，その思想，作品，技能などと不可分の関係にあるので，その主題の下に収める
> （以下略）

表10 - 4　　NDC 細目表188の項ならびに国有補助表

> **180　仏教**　Buddhism
> （略）
> 　**188　各宗**
> 　　（略）
> 　　　.6　　　浄土教. 浄土宗
> 　　　.69　　融通念仏宗. 時宗［遊行宗］
> 　　　.7　　　真宗［浄土真宗］
> （略）
> －
> ＊各宗とも，次のように細分することができる（略）
> 　－1　　教義. 宗学
> 　－2　　宗史. 宗祖. 伝記
> 　－3　　宗典
> 　－4　　法話. 語録. 説教集
> 　－5　　寺院. 僧職. 宗規
> 　－6　　仏会. 行持作法. 法会
> 　－7　　布教. 伝道
> －

（本表より）

　もに鎌倉仏教の開祖である。各類概説の2類の項，ならびに細目表289の注記にあるように，宗教家の伝記は宗教の下に収める（表10 - 3）。

　そこで，法然のひらいた「浄土宗」，親鸞のひらいた「浄土真宗」を

相関索引で引くと，それぞれ188.6，188.7が得られる。細目表でこれを引くと，188（仏教各宗）の下に固有補助表があり（表10-4），-2宗史．宗祖．伝記があるのでこれが適用できる。よって，188.62，ならびに188.72がこの情報資源に付与できる分類記号となる。

　ちなみに，法然は相関索引には記載がないが，親鸞は相関索引に記載があり，親鸞（仏教）188.72と案内がある。この188.72は上のような合成を経て得られた分類記号であり，本表には記載のない分類記号である。相関索引にはこのように合成を経た結果が記載されている場合もあるので注意したい。

　なお，分類規程により，2または3個の複数主題は最初の主題で分類するため，書架分類は188.62とするのが適切である。

〈例3〉　a『知床の植物』（知床半島に生息する植物を紹介）
　　　　b『知床の昆虫』（知床半島に生息する昆虫を紹介）
　a「植物」は相関索引により470である。470を本表で確認すると，その下位区分に「472植物地理．植物誌」があり，これがより適切であると考えられる。472には＊地理区分の表示があり，地理区分は直接付加することができる。知床は一般補助表の地理区分により，-111（北海道地方　道北）となる。よって，当該情報資源の分類記号は，472＋-111より，472.111となる。

　b「昆虫」は相関索引を引くと，486と，（畜産業）646.98があるが，畜産業は養蜂等を指すので，今回は486のほうが適切であるとして，これを本表で確認する。486の下位分類は昆虫の種類によって分けられているだけで昆虫誌にあたる分類はないので，主題は486でとめるのが適切である。ここには＊地理区分の表示はないので，「知床」の意を付加するには，形式区分の-02を付加してからになる。よって，当該情報資

源の分類記号は486＋−02＋−111より，486.02111となる。

〈例4〉a『項羽と劉邦』（司馬遼太郎著）

　　　　b『小説項羽と劉邦』（鄭飛石著）

　　　　c『項羽と劉邦の時代：秦漢帝国興亡史』（藤田勝久著）

　aは日本の作家司馬遼太郎氏による小説である。分類規程により，文学作品は，言語区分のうえ，文学の形式（文学共通区分）を付加するので，日本文学の小説（現代）で，913.6となる（ただし，日本の現代の小説は，これに分類される情報資源の数が多いため，実際の図書館ではF（Fictionの意）などの別置記号に置き換えて別置している場合が少なくない）。

　bも小説だが，韓国の作家による作品の翻訳本である。翻訳本は原著で分類するため，929.13（韓国文学の小説）となる。

　cは歴史研究者が著した歴史書で，主題は中国史の秦漢時代となる。中国史は222。本表でその時代区分をみると秦漢時代は222.041であり，この分類記号が適用される。

〈例5〉a『現代アメリカデータ総覧』

　　　　b『フランス貿易統計』

　aは現代のアメリカ合衆国の各分野の統計の集成である。よって一般統計書となる。「統計」は相関索引により350で，これを本表で引いてみると，＊地理区分とあり，351/357　一般統計書となっている。よって，アメリカ合衆国の統計は，35にアメリカ合衆国の地理区分−53を加えて，355.3となる。

　bはフランスの貿易分野の統計集である。分野が貿易に限定されているので，まずこの「貿易」で相関索引を引くと，678が得られる。678を

本表で引くと，下位区分678.9貿易統計がある。よって貿易統計については，形式区分で統計の意を付加するのではなく，この678.9を適用する（相関索引には「貿易統計」678.9も用意されており，そこからもたどりつける）。なお，678.9に＊地理区分があり，フランスの地理区分は−35であるから，直接付加して，678.935となる。

〈例6〉a『ハングル大辞典』
　　　　b『ドイツ語文法辞典』
　　　　c『百科事典』（原著は英語）
　　　　d『化学英語辞典』

　aはハングル，すなわち韓国・朝鮮語という言語の辞典である。言語の分野（8類）の分類記号は，8＋言語区分＋言語共通区分で作られる。韓国・朝鮮語の言語区分は−291，辞典の言語共通区分は−3である。よって，8＋−291＋−3より，829.13となる。

　bはドイツ語文法についての辞典である。ドイツ語文法でまず分類し，そこに形式区分で外形式である「辞典」の要素を付加する。よって，8＋−4＋−5＋−033より，845.033となる。

　cはあらゆる事象を扱う百科事典であるから，総記0の下位区分にある03百科事典になる。03には＊原著の言語による言語区分の表示があるので，英語による言語区分を加えて，03＋−3より，033となる。

　dは，化学という主題でまず分類する。相関索引「化学」より430となり，ここに形式区分の辞典−033を付加する。よって，43（430の末尾の0は桁揃えの0であるため取り去る）＋−033より，430.33となる。「英語」の要素は，この場合分類記号では付加しない（言語区分は「＊言語区分」を伴う分類記号にのみ使用できる）。

注・参考文献

もり・きよし原編／日本図書館協会分類委員会改訂『日本十進分類法　新訂10版』
　日本図書館協会，2014.

11 | 学校図書館メディアの主題索引法3

米谷優子

《目標＆ポイント》 学校図書館メディアの主題索引法の1つとして，件名標目法について学ぶ。基本件名標目表の特性とその構成を解説し，続いて学校図書館での件名指針と件名作業を論じる。さらに件名標目と参照，細目などについて学習する。

《キーワード》 件名，件名標目，統制語，件名作業，基本件名標目表第4版，件名規程

1. 件名標目

件名（Subject）とは情報資源の主題や形式を言葉であらわしたものをいう。

件名標目（Subject Heading）は，主題または形式を表す語句のうち，標目として採用する「統制語」である。「統制語」（Controlled Term）とは，複数の同義語や類語がある，普段私たちが用いている言葉（自然語）とは異なり，ある1つの概念に対して複数の言葉が考えられる場合に，そこで採用する語を1つに決め，他の語からはそこに集約するようにしておいた語群のことである。統制語を用いることによって，検索時に同義語・類語などに検索語が分散して検索漏れが起こることを防いでいる。

件名標目を一定の順序や原則によって配列したリストを件名標目表（List of Subject Headings）という。

2. 件名付与の意義と件名検索

　9章で述べたように，コンピュータ目録の検索が検索対象とするのは，タイトルやシリーズ名に含まれている語の文字列であって，概念ではない。そのため，ある語で検索しても別の同義語や類語でタイトル等が表されている場合，それが検索結果に出てこないことがある。

　統制語である件名標目が付与されていれば，それを検索に用いることによって，同義語をカバーすることができ，検索もれを少なくすることができる。

　件名標目での情報資源検索は，言葉による検索であるため，取りかかりやすい利点がある。ただし，件名標目は，統制された語群であるから，思いついた言葉が件名として使用可能かをあらかじめ調べてから，用いる必要がある。国立国会図書館には，「著者名・件名典拠検索」が用意されており，国立国会図書館典拠データ検索・提供サービス（Web NDL Authorities）で，調べたい語句が典拠データとして「国立国会図書館件名標目表（NDLSH：National Diet Library Subject Headings）」に登録されているか検索できる。

　件名は主題の意味と結びついた言葉を用いるので，直観的に理解しやすい。この情報資源には，「歌舞伎」という件名が付与されている，といわれれば，それが歌舞伎を扱った情報資源であることはすぐわかる。だが，この情報資源は分類記号では774に分類されるといわれても，774が，そこで用いている分類体系では何を示すのか即座に想像できない。分類記号とその内容の対照表を参照してはじめてわかる。これは件名の1つの利点であり，分類記号の1つの弱点であるといえよう。

　一方，NDCの分類記号は，段階を1つ細かいレベルに進めるごとに一般的に桁数を1桁増やすことにしているので，記号を見るだけで上位

—下位概念の関係を明瞭に理解することができる。たとえば，NDCで774であるといえば，7（芸術），77（演劇）の下位概念であることが一目瞭然だ。しかし，件名は，その上位—下位の関係は，一見しただけでは分類記号ほど明確には把握しにくい。

このように，主題を表す「分類記号」と「件名」にはそれぞれ長所短所があり，主題からの検索には，どちらも有効で必要なものである。それらの意義と特徴を理解して，有効に活用したい。

なお，コンピュータ目録以前からのツールとして，分類記号を標目とした分類目録，件名を標目とした件名目録がある。冊子体で発行される件名目録は，主題から情報資源を検索して結果を一覧するのに現在でも活用されている。

3. 学校図書館のための件名標目表

現在日本で用意されている件名標目表には，「基本件名標目表（BSH：Basic Subject Headings）」（日本図書館協会），「小学校件名標目表」「中学・高校件名標目表」（以上，全国学校図書館協議会），「国立国会図書館件名標目表」（国立国会図書館）がある。「小学校件名標目表」「中学・高校件名標目表」はそれぞれ，語彙の難易度を学年に合わせて作成したものである。

ここでは，公立図書館で広く用いられ，学校図書館用のMARC（MAchine Readable Catalog；機械可読目録（コンピュータ用目録））が多く採用している「基本件名標目表」を取り上げて解説する。

（1）基本件名標目表第4版の概要

日本において件名標目表は戦前にも編纂されていたが，「基本件名標目表」第1版が出版されたのは，1956（昭和31）年であった。その後，

2版（1971（昭和46）年），3版（1983（昭和58）年）と改訂され，現在は1999（平成11）年に改訂出版された第4版が用いられている。

　「基本件名標目表第4版」（BSH 4 ）は，音順標目表のほか，分類記号順標目表・階層構造標目表が別冊になっている。

　音順標目表では，件名標目，参照語，説明つき参照，細目を五十音順に並べて表示している。統制語使用の原則により，同じ概念を表わす語は1つに統一されている。参照語とは，標目として採用されなかった同義語である。直接参照（→（を見よ参照））で，同概念の件名標目へと案内している。説明つき参照は《　》で囲んで，しばしば表れる主題または形式についてその取り扱いを示している。説明の中で例示として示される件名標目はゴシック体で表示されている。細目は，主標目の範囲を限定し特殊化するために主標目のあとに付加して用いる名辞である。

　なお，例示するのみでほかを推量できる件名標目（例示件名標目群）ならびに，個人名などの固有名詞（固有名詞件名標目群）は例だけが採録されている。例示件名標目群には36種，固有名詞件名標目群には20種あるので，基本件名標目表の解説を確認しておくことが必要である。

表11-1　「基本件名標目標第4版」音順標目表の表示例1

```
トショ　図書*　⑧020　⑨020
　　　　UF：書籍．書物．ペーパー　バックス．本
　　　　TT：図書館資料　184
　　　　BT：図書館資料
　　　　NT：絵入り木．貸木屋．刊本．稀書．古刊本．古書．参考図書．児童
　　　　　　図書．写本．書籍商．書評．蔵書印．蔵書票．造本．著作権．読書．
　　　　　　図書目録．図書目録（図書館）．豆本
　　　　RT：出版．書誌学
　　　（略）
ホン　　本→　図書
```

　基本件名標目表の音順標目表では表11‐1のように，表示されている。

　ゴシック体で表示された「図書」が採択された件名標目である。件名標目として採択されなかった「本」は参照語であり，直接参照（→　を見よ参照）で，採択された件名標目である「図書」が案内されている。

　件名標目の「図書」では，「直接参照あり（を見よ参照あり）」がUFの記号で示されているほか，直近上位の標目（BT：Broader Term），直近下位の標目（NT：Narrower Term），階層構造標目表の最上位標目（TT：Top Term）が示されている。また，上位下位との関係とは異なる関連主題は関連語（RT：Related Term）として示されている。

　また，表11‐2に示すように，限定注記（SN：Scope Note）には，個々の件名標目の採用にあたって留意すべきことが示されている。さらに，参照する下位の件名標目が多数で，しかも例示件名標目群に属する場合

表11‐2　「基本件名標目表第4版」音順標目表の例示例2

```
キョウイク　教育*　⑧370　⑨370
　　　SN：一州，一国または一地方における教育事情には，－教育を地名
　　　　　のもとの主題細目として用いる。
　　　NT：育英事業．海外子女教育．学習塾．家庭教育．帰国子女教育．
　　　　　教育家．教育産業．教育実践記録．郷土教育．芸術教育．健
　　　　　康教育．公害教育．高等教育．公民教育．国際理解教育．個
　　　　　性教育．産業教育．社会教育．自由教育．宗教教育．集団教育．
　　　　　生涯学習．障害者教育．情操教育．消費者教育．植民地教育．
　　　　　女子教育．初等教育．生活教育．専門教育．体罰．地域社会
　　　　　学校．中等教育．通信教育．天才教育．登校拒否．道徳教育．
　　　　　日本－教育．平和教育．へき地教育．民族教育．幼児教育．
　　　　　留学
　　　SA：各教科名（例：社会科）も件名標目となる。
　　　SA：各地名のもとの主題細目－教育（例：アメリカ合衆国－教育．
　　　　　神戸市－教育）をも見よ。
```

は，参照注記（SA：See Also）でその旨が説明されている。

　音順標目表と別に，国名標目表が用意され，世界の国について統一標目の形が示されており，米国とアメリカ合衆国ではアメリカ合衆国が，中国と中華人民共和国では中国が，それぞれ統一標目として示されている。その他複数の表記がみられる国名も確認しておきたい。

　別冊の分類記号標目表は音順標目表で採録した全標目を日本十進分類法（NDC）新訂9版による分類記号順に編成したものである。NDCの体系のもとで関連標目を通覧することができる。日本十進分類表新訂10版の分類記号順標目表は日本図書館協会件名標目委員会のサイトで公開されている[1]。分類記号と件名を相互に確認できるツールとして活用したい。また，階層構造標目表は，最上位標目を五十音順に排列し，それに関連する下位標目を階層的に通覧できるよう編成されている。

4.　件名作業

（1）件名作業の手順と件名規程

　個々の情報資源に件名標目を付与し，件名標目を維持する一連の作業を件名作業という。件名作業には以下の3つの仕事が含まれる。

　　①　個々の情報資源に適切な件名標目を与えること
　　②　与えた件名を記録し，その維持統一を図り，同一の主題に異なる件名標目が付与されたり，表現形式に不統一が生じたりしないようにすること
　　③　さまざまな同じ意味の言葉からも探せるように利用者の検索の便宜を図るための参照を作成すること

　件名作業にあたっては，件名標目表を理解することが前提となる。採用する件名標目表を決めたら，件名標目表の構成を理解し，その解説（基本件名標目表であれば「序説」）をよく読んでおく。

　件名付与の実際では，まず情報資源の主題分析を行って，情報資源の内容を正確に把握し（主題分析の方法は10章参照），もっともよく表す名辞で表現してみる。その際，当該情報資源の主題を的確に過不足なく適切に表現する言葉を選択することが大切である（特殊記入の原則：一般件名規程（1））。なお，一般件名規程（2）により，主題の明確でない資料および文学・芸術作品（多数人の作品集を除く）には件名を与えない。ただし，主題の明らかな文学・芸術作品にはその主題を表す件名標目を与えることができる。この場合は，主題を表す主標目のもとに，文学形式共通細目を用いる（一般件名規程（11）　例：徳川家康－小説・物語）。

　件名は必要な数だけ与えることができ（一般件名規程（3）），また情報資源全体に対する件名標目とともに，情報資源の一部分を対象とする件名標目を与えることもできる（件名分出記入　一般件名規程（4））。

　次に，抽出された名辞が件名標目として適切かを検討する。件名標目表に標目として採録されていればそれを件名標目とすることができ，採録されていなければ，その同義語あるいは類語で件名標目として採録されている名辞を探す。ただし，特定の人物，団体，事物，地域，著作などについて記述した情報資源には，その固有名を件名標目として与える（一般件名規程（7）），という規程もあるので注意したい。件名標目表に採録されていなくても，例示件名標目群，固有名詞件名標目群に該当する名辞は件名として付与することができる。

　また，件名標目表が編纂された後に出現した新しい主題は当然採録されていないので，適当な語を選んで付与する。これを件名の新設という。新設件名は件名標目表または件名典拠ファイルに必ず記録し，一貫性をはかる。

　なお，主題をさらに限定するとき主標目の後ろに別の語（細目）を

ダッシュでつないで表すことができる（一般件名規程（5））。細目には，一般細目，分野ごとの共通細目，言語細目，地名細目，地名のもとの主題細目，時代細目の6種があり，必要なときは主標目の下に段階的に重ねて用いることができる（一般件名規程（6））。細目は，音順標目表・国名標目表に続いて一覧表が掲載されている。

　関連著作の多い古典の場合は，その古典名のもとに，関連著作の内容に応じて必要な細目を用いることができる（一般件名規程（10）　例：万葉集 – 植物）。

　限定された地域における特定主題に関する記述に関しては，その主題が「地名のもとの主題細目」の細目表に示されているときは，地名を主標目，主題を細目として表し，それ以外の主題のときは主題を主標目，地名を細目として表す（一般件名規程（8）　例：イギリス – 教育，美術館 – イギリス）。ただし，郷土資料に対する件名標目は，前項の規定によらないことができる（一般件名規程（9））。

　また，特定の出版形式をもって編集された資料には，その出版形式を表す名辞を形式標目として与えることができる（一般件名規程（12）　例：英文学 – 雑誌）。

　一般件名規程のほか，特定の分野のみ適用される特殊件名規程もあるので，件名作業の際には，これらにも注意する。

（2）件名作業・分類作業の実際

　ここで，いくつかの情報資源を例にとって，件名および分類記号付与のプロセスを見ていこう。学校図書館の書架分類としては，分類記号は3桁で留めることも少なくないが，公立図書館との連携の場合に詳細な分類記号の理解が必要であるため，ここではもっとも詳細な分類記号の付与を前提として考える。

〈例1〉a『関西ことばの楽しみ』
　　　b『津軽弁の世界』

　aは，タイトルから主題は「関西ことば」といえる。そこでまず，そのままの語「関西ことば」でBSH4を引いてみるが，採録されていない。そこで，同義語である「関西弁」で引いてみると，「関西弁」は参照語であり，日本語―方言―近畿地方への直接参照が指示されている。そこで，日本語―方言―近畿地方を引いてみると，件名標目としてこれが採用されていることが確認できる（表11‐3）。

　bの主題は，タイトルから「津軽弁」であると考えられる。津軽弁はBSH4では件名標目としても，参照語としても採録されていない。津軽弁は日本の津軽地方の方言であることから，上位概念の日本語―方言を引いてみる。するとこれは件名標目として採択されていることがわかる。さらに，aの例から，地方名を細目として付加することができ（地名細目），日本語―方言―青森県という件名標目が付与できる。

※地名は固有名詞件名標目群に掲げられた1つで，採録が省略されている。この場合，「津軽地方」とするのがよいか，その上位概念である「青森県」とするのがよいかは，各図書館で事前に決定しておく必要がある。一般件名規程（1）に，1つの件名標目のもとにある程度の

表11‐3　BSH4　音順標目表

カンサイベン　関西弁　→　日本語―方言―近畿地方		
（略）		
－ホウゲン	**日本語―方言**＊	⑧818　⑨818
	TT：日本語　192	
	BT：日本語	
	NT：琉球語	
－ホウゲン	**日本語―方言―近畿地方**＊	⑧818.6　⑨818.6
	UF：上方語．関西弁	

記入がまとまるように工夫することが適切，とあることを考慮して，地方名として「青森県」でとどめておくか，「津軽地方」を採用するか，蔵書構成を考え合わせて検討する。

　なお，NDCでは，相関索引で「方言」を引くと，8□8となっている。□に言語区分を入れて作るので，日本語の方言は日本語の言語区分─1をいれて818となる。本表で818を引くと，＊日本地方区分とあるので，地理区分の近畿地方─16（参照注記で関西にはこの記号を使用するとある），青森県─121（津軽地方という地理区分はないので，上位概念の青森県の地理区分を用いる）から，それぞれ最初の1をとった6，21を818にそれぞれ付加して，aは818.6，bは818.21となる。

〈例2〉『手塚治虫物語』（伝記）

　手塚治虫の伝記である。BSH4で伝記を引くと，≪伝記≫は説明付参照であり，（1）─（4）にわたって，説明が掲げられている（表11-4）。その中の（2）に従って，当該情報資源には，「手塚治虫」という個人名が件名標目として与えられることになる。

　なお，─伝記という一般細目もあるが，これは特定の職業，専門分野

表11-4　BSH4　音順標目表「伝記」の説明付き参照

≪伝記≫ 　伝記および伝記に関する著作には，次の件名標目をあたえる。 （1）伝記に関する著作には，**伝記**の件名標目をあたえる。 （2）個人の伝記には，被伝者の個人名を件名標目としてあたえる（例：**福沢諭吉**）。 （3）一族，一家の家伝にはその氏またはその家名の総称名を件名標目としてあたえる。（例：**藤原氏（奥州），ケネディ家**） （4）叢伝。 　（以下略）

に関する多数人の伝記に対して，その職業，分野を表す件名標目のもとに一般細目として用いるもので，今回は付加しないことに注意しよう。

　NDCでは，個人の伝記は289であるが，細目表289の注参照（10章参照）にあるように，芸術家の伝記はその主題の下に収める。よって，漫画を相関索引で引くと，726.1。細目表でこれを引くと，これが適切であると確認できるので，726.1が当該情報資源の分類記号として付与される。

　ただし，児童書の場合，さまざまな分野の人物の伝記をシリーズにまとめたものが出版されていることも多い。当該図書が伝記のシリーズの中の1冊で，シリーズ全体にまとめて分類記号を付与するとすれば280.8（伝記28＋形式区分−08）となる。

　伝記がシリーズの中の1冊である場合と単行本の場合に，配架場所が全く離れてしまうのを避けるために，哲学者．宗教家．芸術家．スポーツ選手．諸芸に携わる者および文学者も含めて，「伝記は28に分類する」としてしまう方法をとることもできる。当該学校図書館のローカルルール（自館独自の規則）として継承できるよう明文化しておくことが必要で，利用者にも伝わるように書架上に案内を明示するとよい。

　ただし，書架分類は280.8としても，目録では本来の記号からも探せるように，書誌分類には書架分類の280.8に加えて726.1も入力しておくことがすすめられる。

〈例3〉『近代日本教育史』

　主題は近代日本の教育史である。「教育史」でBSH4を引いてみると「教育―歴史」への直接参照がある。そこで，「教育―歴史」を引くと，参照注記（SA）に「各地名のもとの細目　―教育―歴史をも見よ」となっているので，「日本―教育―歴史」が使えることがわかる。

　ちなみに「教育」からでも，SNに「一州，一国または一地方におけ

る教育事情には―教育を地名のもとの主題細目として用いる」とあり，またSA（参照注記）として，「各地名のもとの主題細目―教育をも見よ」とあるので，「日本―教育」を引いてみる。件名標目として「日本―教育」があるのでこれを用いることができる。「歴史」の概念は細目で付加することにすると，一般細目に「―歴史」があり，これを付加することからでも同様の件名が得られる。

　さらに，「歴史」をBSH4で引いてみると，《歴史》の項の（4）に「歴史を表す件名標目のもとでは（細目の形のもとでも），必要に応じて時代区分をすることができる」とある。よって，当該資料には，「日本―教育―歴史―近代」という件名標目を与えることができる。

　NDCは「教育史」で，相関索引を引いてみると，372とある。本表で確認すると，＊地理区分とあり，さらに372.1の日本教育史が記されて，その下位区分として時代区分がされている。近代は372.106となるので，当該情報資源にはこの番号が付与できる。

〈例4〉a『フランス・スペイン・ポルトガルの建築』
　　　　b『フランス・スペイン・ポルトガルの農業』

　aの主題は，フランスの建築，スペインの建築，ポルトガルの建築である。BSH4で「建築」を引くと，件名標目にこれが採択されており，また地名のもとの細目ではないので，主標目を建築とし，地名は細目で付加することが確認できる。国名については，国名標目表で確認する。件名は必要な数だけ付与することができるので，建築―フランス，建築―スペイン，建築―ポルトガルが件名となる。

　bの主題は，フランスの農業，スペインの農業，ポルトガルの農業である。BSH4「農業」の限定注記（SN）（表11-5）から，件名はフランス―農業，スペイン―農業，ポルトガル―農業となる。

表11-5　BSH 4　音順標目表 1

ノウギョウ　**農業**[*]　⑧*610*　⑨*610*	

ノウギョウ　**農業**[*]　⑧*610*　⑨*610*
　　　　　SN：一州，一国または一地方における一般農業事情には，それぞ
　　　　　　　れの地名のもとに**―農業**を主題細目として用いる。
　　　　　NT：作物．農業機械・器具．農業機械化．農業気象．農業金融．
　　　　　　　農業経営．農業経済．農業災害．農業施設．農業政策．農
　　　　　　　業団体．農業統計．農業土木．農業保険．養蜂業．酪農．
　　　　　RT：農学
　　　　　SA：各地名のもとの主題細目**―農業**（例：**日本―農業**）をも見よ。

　分類記号については，a は NDC の相関索引で「建築」を引くとその
下に西洋建築523があり，これを細目表で確認してみる。523西洋建築に
は＊地理区分とあるので，フランス―35，スペイン―36，ポルトガルの
－369をそれぞれそのまま付加して523.35，523.36，523.369が書誌分類
となる。ただし分類規程に，主題が2つまたは3つで，各主題の扱いに
軽重がない場合は最初の主題で分類するとあるので，3つの主題の扱い
に軽重がなければ，書架分類は523.35となる。

　b は相関索引で「農業」を引くと610であるが，細目表で確認すると，
612農業史・事情がより適切であることがわかる。ここに＊地理区分と
あるので，当該情報資源には612.35，612.36，612.369という番号が付与
できる。分類規程により書架分類は612.35を採用する。

〈例5〉『日本文学全集』

　まず，内容をよく見て，全集に収められている作品が，小説，随筆，
日記，詩歌など形式が多岐にわたるのか，それとも一形式に限られてい
るのかを確認する。

　全集に収められている作品形式がさまざまである場合は，「日本文学」
で BSH 4 を引いてみる。件名標目としてこのかたちで採択されている

ので，これが付与できることが確認できる。

　NDC では，日本文学91の下位区分918となる。918の参照注記には，「ここには個人または複数作家の，文学形式を特定できない作品集を納める；特定できる作品集は，その文学形式の下に収める」とある。さらに時代が限定されていれば，細目表に従って細分する。

　よって，小説など一形式に限定されている場合は，その形式（小説，随筆など）で BSH 4 を引く。小説の場合は，BSH 4 の《小説》の項（表11-6）の（3）より，「小説（日本）—小説集」という件名が与えられる。（「—小説集」は分野ごとの共通細目のうち，作品集成共通細目の1つとしても案内されている）。

　NDC も，日本文学の下位区分の小説と考え，913が導ける。913を細目表で確認すると，その下位区分に時代による細分があるので，時代が限定されている場合は，それに準じ，限定されていない場合は，913とする。

表11-6　BSH 4　音順標目表 2

ショウセツ　《小説》
小説（作品）および小説に関する著作には，つぎの件名標目を与える。
（1）小説に関する著作には，小説を件名標目として与える。一国の小説に関する著作には，小説のあとに，国名を（　）に入れて表す。
（2）各国文学にわたる小説家の作品の集成には，小説—小説集の件名標目を与える。
（3）小説家が一国に限られているときは，小説のあとに，国名を（　）にいれ，—小説集とする。
（4）特定の人物・歴史上の事件などをテーマとした小説には，そのテーマを表す件名標目のもとに，—小説・物語を細目として与える。
（5）個人の作品および作品集には，原則として件名標目を与えない。

214

〈例6〉 a『日本のことわざ』
　　　　b『ことわざ辞典』
　aは日本のことわざについて解説した児童図書，bは日本のことわざ
を集め，引いて参照できるようにした辞典である。
　BSH 4で「ことわざ」を引くと，件名標目にこれが採択されている
（上位標目に「故事熟語」が掲載されている）。よってaには件名は「こ
とわざ」が付与される。bには「ことわざ」を主標目として，一般細目
の「－辞典」を付加することができ，「ことわざ－辞典」が付与される。
　NDCの相関索引で「ことわざ」を引くと，ことわざ（民俗）388.8
（倫理）159.8となっている。しかし，ことわざについて学習するのは主
に国語科の時間であることを考えれば，言語8の下にあるほうが利用に
つながりやすそうである。「ことわざ」の上位語「故事熟語」[2]は相関索
引では8□4で，（日本語）814.4が案内されている。本表で814.4を確認
すると，「814.4　熟語. 慣用語」となっており，aにはこの分類記号が
付与できる。
　bに関しては，814語彙の下に参照注記で「語彙に関する辞典→813」
とある。813を確認すると，その下位に「813.4」故事熟語辞典. 慣用語
辞典とあるので，これを付与する。
　例2でも述べたように，利用者の便を考えてこのようにNDCとは異
なる分類記号を付与することも可能である。その際はローカルルール
（自館独自の規則）として，明文化し継承できるようにしておくことが
重要である。

注・参考文献

1　日本図書館協会件名標目委員会「分類類記号順標目表」（http://www.jla.or.jp/
Portals/ 0 /data/iinkai/bsh/ndc10.pdf）（確認2021.06.28）
2　教科書や学習指導要領では「故事成語」となっているが，NDC 新訂10版，
BSH4及び NDLSH では「故事熟語」が採用されている。

『基本件名標目表　第 4 版』日本図書館協会，1999.
『日本十進分類法　新訂10版』日本図書館協会，2014.

12 | 学校図書館メディアの記述目録法 1

呑海沙織

《目標＆ポイント》 目録法とは，図書館目録の種類や体系などを決定し，その作成方法に関する知識の総体をいい，主題目録法と記述目録法がある。本章では記述目録法について，図書館目録の意義と機能，目録規則とその変遷，学校図書館における目録政策について学ぶ。

《キーワード》 目録，カード目録，コンピュータ目録，目録規則，日本目録規則（NCR）

1. 図書館目録の意義と機能

（1）図書館における資料探索方法と目録

　図書館で資料を探す方法には，いくつかの方法がある。例えば，代表的な方法のひとつにブラウジングがある。図書館におけるブラウジングとは，書架で資料の背表紙を漫然と眺めたり，気になるタイトルの資料を手に取ってぱらぱらと内容を拾い読みしたりすることをいう。『図書館情報学用語辞典』第5版では，ブラウジングについて下記のように説明している[1]。

　　明確な検索戦略を持たないまま，偶然の発見を期待して漫然と情報を探すこと。原語は，家畜を放牧して飼料としての若葉や新芽を自由に食べさせることを意味した。文献を対象とした場合，書架上で図書の背表紙を気の向くままにながめ読みしたり，特定の目的を

持たずに新聞や雑誌を手に取って中身を拾い読みしたりする行為な
どを含む。ブラウジングにより，情報検索とは異なった方向から関
心事に該当する情報を偶発的に得ることもできる。

　図書館におけるブラウジングは，開架式であり，かつ図書が分類され，
所在記号順に配架されることによって，効果的な資料探索を実現するこ
とができる。開架式とは，利用者が直接，書架にアクセスして資料を選
ぶ閲覧方式である。所在記号順に配架することによって，同じあるいは
類似する主題の図書が近接して配架されるので，探している主題に近い
図書と偶発的に出会うことができる。特定の既知資料を探す場合より，
ある特定の主題の資料を探す場合に適している探索方法である。
　図書館の資料を探すもうひとつの代表的な方法は，目録の検索である。
図書館の目録は，「利用者が図書館で利用可能な資料を発見・識別・選
択・入手できるよう，資料に対する書誌データ，所在データおよび各種
の典拠データを作成し，適切な検索手段を備えて，データベース等とし
て編成するもの」[2]であり，図書館で効率的に資料を入手するために不可
欠なツールである。
　2020（令和2）年度「学校図書館の現状に関する調査」結果によると，
2019（令和元）年度の1校あたりの蔵書冊数は，小学校9,379冊，中学
校11,071冊，高等学校24,205冊である[3]。この程度の規模の蔵書数であれ
ば目録は不要という見解もあろう。しかし，図書のタイトルや著者名か
らのアプローチ，貸し出し中の図書や閉架図書等，多様な探索に対応す
るためにも目録は不可欠である。
　学校図書館法第4条第1項においても，「学校は，おおむね左の各号
に掲げるような方法によつて，学校図書館を児童又は生徒及び教員の利
用に供するものとする」とされ，目録については同条第2項において

「図書館資料の分類排列を適切にし，及びその目録を整備すること」と定められている。また，2016（平成28）年文部科学省の学校図書館ガイドラインでは，「図書館資料を整理し，利用者の利便性を高めるために，目録を整備し，蔵書のデータベース化を図り，貸出し・返却手続及び統計作業等を迅速に行えるよう努めることが望ましい」[4]とされている。このように，学校図書館法および学校図書館ガイドラインでも，学校図書館における目録整備の必要性が明記されている。

　学校図書館ガイドラインではさらに，「地域内の学校図書館において同一の蔵書管理システムを導入し，ネットワーク化を図ることも有効である」とし，ネットワーク化による総合目録の有効性が述べられている。総合目録については，第14章で詳しく述べるが，「二つ以上の図書館間の協力によって，地域的または全国的に作成される，網羅的ないし主題別の目録」[5]であり，複数の図書館によって維持管理されている目録である。

　このように資料を効率的に検索するためのツールである目録は，「総合的な学習の時間」などにおいて取り組まれている「探究的な学習」においてより有効であると考えられる。「総合的な学習の時間」は，1998・1999（平成10・11）年の学校指導要領の改訂に伴って導入され，2002（平成14）年度から小・中学校，2003（平成15）年度から高等学校で実施されている。変化の激しい社会に対応すべく，児童・生徒が課題探究し，主体的に問題解決するための資質や能力を育てることを目的として創出された。学習指導要領の改訂により，2022（令和4）年度から高等学校の「総合的な学習の時間」は，「総合的な探究の時間」に変更される。問題解決のためには知識や情報が必要である。知識や情報を獲得するためには，最新の情報を入手することができるネットワーク情報資源とともに，知識が体系化された図書も重要である。この観点からも，効果的

に蔵書を検索するためのツールを整備しておくことが必要といえる。

（2）目録の形態による種類

　目録は形態により，冊子目録，カード目録，コンピュータ目録等の種類に分けることができる。近年ではコンピュータ目録が主流となっている。本節では，コンピュータ目録とともに，その前に主流であったカード目録について学ぶ。

1）カード目録

　カード目録は，カード形態の目録である。19世紀半ばに誕生し，コンピュータ目録が普及するまで一般的に使われていた目録である。

　図12－1は目録カードボックスの写真である。資料の情報が記載された目録カードは，このような目録カードボックスに一定の順序で配列される。著者名順に配列したものを著者目録，タイトル順に配列したものをタイトル目録（書名目録ともいう），分類順に配列したものを分類目録という。

　図12-2は，目録カードの構成を表した図である。一枚の目録カードに，基本的に一件の記入を作成する。ここでいう記入とは目録記入のこ

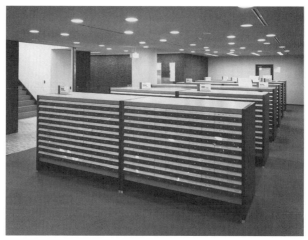

図12-1　目録カードボックス（筑波大学附属図書館）

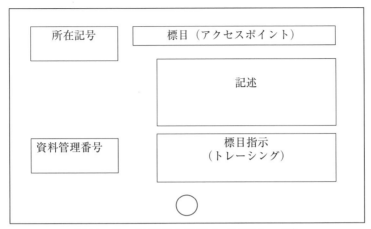

図12-2　目録記入の構成（目録カード）

とをいい，タイトルや著者名などの書誌記述に，標目，所在記号などを付加したものである。各目録カードは，標目（アクセスポイント），記述（書誌記述），標目指示（トレーシング），所在記号，資料管理番号などによって構成されている。

　目録カードの記述（書誌記述）には，資料のタイトルや著者名などの書誌の情報が記される。所在記号は，各図書館での資料の配置場所を示し，資料管理番号は各図書館で資料を管理するための番号等が記録される。目録カードは，標目（アクセスポイント）に記録された言葉や記号によって配列される。つまり標目（アクセスポイント）は，資料を適切に検索するための役割をもつ。標目指示（トレーシング）では，各記入に記録された標目を確認することができる。

　カード目録によるデータのメンテナンスは，目録カードの加除によって行う。新しい図書を受け入れる際にその図書の目録カードを作成し，著者名やタイトルなどの標目の順に目録カードボックスへ目録カードを

繰り入れる。除籍する場合は，その図書の目録カードを目録カードボックスから抜き去る。

　カード目録にはデータを最新の状態に保つことができるという利点がある。一方で，一枚一枚目録カードを確認する必要があるため，コンピュータ目録に比べて検索に時間がかかる。検索キーも限定的にならざるを得ない。また，蔵書数や標目の種類や数が多くなればなるほど，目録カードのメンテナンスに労力が割かれるとともに，目録カードボックスの設置場所として広い面積が必要となる。

2）コンピュータ目録

　コンピュータ目録は，コンピュータで目録を検索できるようにしたデータベースである。コンピュータ目録のうち，ネットワーク接続されているものは，オンライン目録やOPAC（Online Public Access Catalog：オーパック，オパック）ともよばれる。オンライン目録は，図書館に設置されているカード目録と異なり，ネットワークで接続されていれば，どこからでも利用できる。また，複数の利用者が同時に利用することができ，複数の要素を組み合わせた検索を可能にする。

　2020（令和2）年度「学校図書館の現状に関する調査」[6]結果によると、学校図書館において目録をデータベース化している割合は，小学校および中学校で約8割，高等学校および中等教育学校で約9割，特別支援学校で6割程度である。また，特別支援学校を除く学校の約9割が，このシステムを活用して貸出・返却を実施している。

　図12-3は，学校図書館のコンピュータ目録の例である。守谷市では，2007（平成19）年3月に，守谷市子ども読書活動推進計画が策定され，2008（平成20）年度に市内の公立小学校全9校，翌2009（平成21）年度に，市内の公立中学校全4校（守谷，愛宕，御所ケ丘，けやき台）の蔵書目録がデータベース化された[7]。図12-3は，守谷中学校の例である。

　このコンピュータ目録では，タイトルや著者名から検索できる「かんたん検索」だけでなく，主題から検索できる「ジャンル（NDC）検索」や，思いついた言葉や文章で検索できる「連想検索」など，さまざまな検索が可能になっている。また，守谷中学校の過去6ヶ月の学年毎のランキングや，守谷市内のすべての公立中学校の学年ごとのランキングも提供されている。

　図12-4は，守谷中学校のコンピュータ目録の検索結果である。図書のタイトル，著者名の他，「詳細情報」タブには，出版社や出版年などのより詳細な書誌情報が表示されている。また，「学校の図書館」タブ

図12-3　学校図書館のコンピュータ目録の例（守谷中学校）

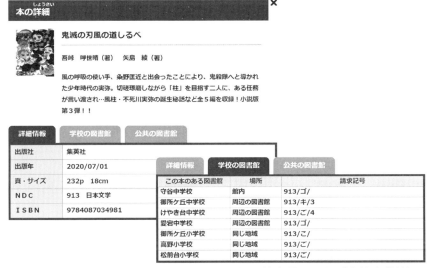

図12-4　学校図書館のコンピュータ目録の検索結果の例（守谷中学校）

には，その図書を所蔵している学校名や請求記号（所在記号）などの所在情報が表示されている。このように，コンピュータ目録の基本的な情報は，カード目録の内容と同じである。

　守谷市では，市内の学校図書館と公立図書館（中央図書館）の相互貸借や団体貸出が行われているため，市内の他の学校図書館の所在情報のほか，公立図書館の所在情報や貸出状況の確認，予約を行うことができるようになっている。

2. 目録規則の変遷

（1）目録規則とその意義

　目録規則とは，「図書館の目録を作成する指針や方法を規則の形式に箇条書きし，体系的に編成したもの」であり，「対象とされた資料の特

徴を記録した書誌記述の作成に関する規則，記述を検索する際の手がかりとなる標目やアクセスポイントの選定と形の決定に関する規則」[8]などから構成される。目録記入の書式を整え，目録編成の一貫性を保つために，目録規則は不可欠である。特に，総合目録の構築は，目録規則なくして行うことができない。

図書館目録の歴史は紀元前まで遡ることができるが，近代的な目録規則は19世紀半ばに誕生した。19世紀後半から普及したカード目録を想定し，書誌的情報に関する「記述（書誌記述）」の規則と，資料を検索するための「標目（アクセスポイント）」の規則から構成されるようになった。

（2）目録規則の標準化

図書館によって目録規則が異なると，複数の図書館を利用する際に不便であるだけでなく，書誌情報を共有することが難しくなる。特に複数の図書館で構築する総合目録を視野に入れる場合，標準化された目録規則は必須のツールとなる。

20世紀に入ると，国ごとあるいは言語圏ごとに目録規則の標準化が進められた。さらに国際的な目録規則の標準化が進められ，1961（昭和36）年，国際図書館連盟（IFLA, International Federation of Library Associations and Institutions）主催の国際目録原則会議で採択されたいわゆる「パリ原則」によって，国際的な目録規則の標準化が図られた。このパリ原則に基づき，1967（昭和42）年に，英国，米国，カナダの各図書館協会と米国議会図書館（LC, Library of Congress）によって，英米目録規則（AACR, Anglo-American Cataloguing Rules）の北米版および英国版が刊行された。

1969（昭和44）年には，「記述（書誌記述）」の国際的標準化を図るた

めの国際標準書誌記述（ISBD, International Standard Bibliographic Description）の策定が開始され，1974（昭和49）年には，単行書を対象とする ISBD（M）が発表された。以降，逐次刊行物，古書，電子資料，地図資料，非図書資料，印刷楽譜など資料種別ごとに ISBD が編成されていったが，2011（平成23）年に統合版が公表され，資料種別ごとの編成が廃止された。

　1978（昭和53）年に刊行された英米目録規則の第2版（AACR2）は，この ISBD に準拠して策定された。AACR2は改訂を経て，その後継である RDA（Resource Description and Access, 資源の記述とアクセス）が刊行されるまで，英語圏のみならず各国で採用され，準国際的な目録規則としての位置づけにあった。

　2009（平成21）年，パリ原則に代わるものとして IFLA によって「国際目録原則覚書（Statement of International Cataloguing Principles: ICP）」が策定された。ICP は，あらゆる形態の資料を対象としており，従来の目録法と FRBR（Functional Requirements for Bibliographic Records, 書誌レコードの機能要件）[9]の考え方を基盤に構築された。2016（平成28）年に改訂されている。

　2010（平成22）年，AACR2の後継となる RDA が発表された。RDA は現在，英語圏で広く採用されているだけでなく，フランス語，ドイツ語，中国語などに訳され，英語圏外にも普及しつつある。日本でも，国立国会図書館が2013（平成25）年より洋図書に RDA を採用した。また，日本目録規則の最新版である2018年版においても，RDA との相互運用性に配慮されている。

　このように，目録規則は20世紀以降，国ごとあるいは言語圏ごとに目録規則の標準化が進められるとともに，国際的な標準化が進められてきた。図書館の図書を中心とする蔵書のカード目録を作成する規則から，

徐々にその対象を広げるとともに，コンピュータ目録を志向するように
なった。

（3）日本目録規則

　日本では，日本の出版慣行や日本語の特性を考慮して策定された「日
本目録規則（NCR, Nippon Cataloging Rules）」が広く採用されている。
その歴史は，1942（昭和17）年の青年図書館員聯盟による和漢洋書共通
の日本目録規則に始まる。その後，日本目録規則は日本図書館協会へ引
き継がれ，改訂を重ねている。

　表12-1のように，1952年版では著者基本記入の原則を踏襲しつつ和
漢書を主とし，1965年版ではパリ原則に準拠，新版予備版（1977（昭和
52）年）では ISBD に準拠するとともに，記述ユニット・カード方式を
採用，1987年版ではオンライン書誌情報入力も視野に入れ，目録規則の
国際標準に準拠して改訂された。1987年版の背景には，1981（昭和56）
年の JAPAN／MARC の頒布開始，1985（昭和60）年の学術情報セン
ター（現在の国立情報学研究所）による総合目録データベース
NACSIS-CAT の運用開始などがある。1987年版は，1994（平成6）年

表12-1　日本目録規則の変遷

版	説明	発行者
1942年版	和漢洋書共通	青年図書館員聯盟
1952年版	和漢書が主	日本図書館協会
1965年版	1961年のパリ原則に準拠	日本図書館協会
新版予備版	1977年刊行，ISBD に準拠	日本図書館協会
1987年版	オンライン書誌情報入力も視野に	日本図書館協会
1987年改訂版	1994年刊行	日本図書館協会
1987年版改訂2版	2001年刊行	日本図書館協会
1987年版改訂3版	2006年刊行	日本図書館協会
2018年版	2018年12月作成，2019年1月公開	日本図書館協会

から2006（平成18）年にかけて 3 度改訂され，より多様な資料を対象と
するようになった。

　1987年版の特徴は，下記の通りである。

⑴　和漢洋書を対象とし，多様な資料に対応できること

⑵　記述ユニット・カード方式を継承したこと

⑶　ISBD に準拠したこと

⑷　3 段階の水準を設定し，記述の精粗の規定を整備したこと

⑸　書誌階層構造を定義したこと

　改訂 3 版（2006年）は，1987年版の最後の改訂作業と位置付けられた。

　その後，世界的な目録規則の抜本的な見直しの潮流のなかで，2010年
より日本図書館協会目録委員会が日本目録規則の抜本的検討を開始し
た。2013（平成25）年からは，同委員会と国立国会図書館収書書誌部の
共同策定となり，2018年版が公開されるにいたった。『日本目録規則
2018年版』の序説には，2018年版策定の方針について，下記のように記
されている。

　・ICP 等の国際標準に準拠すること

　・RDA との相互運用性を担保すること

　・日本における出版状況等に留意すること

　・日本目録規則1987年版とそれに基づく目録慣行に配慮すること

　・論理的でわかりやすく，実務面で使いやすいものとすること

　・ウェブ環境に適合した提供方法をとること

　このように，日本目録規則は2018年版が最新版であるが，現在は1987
年版改訂 3 版が一般的に普及しているため，本書では同版を中心に解説
する。

3. 学校図書館の目録政策

　司書教諭や学校司書は，このような目録を取り巻く情勢をおさえながら，目録の重要性を認識したうえで，学校図書館の目録を整備する必要がある。目録の作成や運用に関する基本方針の策定や，各学校図書館の状況に応じた目録整備計画などが重要である。

　目録の形態による種類として，第1節では主としてカード目録とコンピュータ目録をとりあげた。カード目録は，コンピュータ目録に比べて初期費用が小さく，蔵書規模が小さい場合は手軽に導入できる。しかし，検索の利便性や館外からの利用，総合目録構築の可能性を視野に入れると，コンピュータ目録を導入したいところである。

　コンピュータ目録の導入には，学校図書館を対象とした図書館システムのパッケージ製品を導入することが考えられる。この場合，図書管理モジュールや窓口業務モジュールと連動することによって，貸出中の図書に関する情報を確認したり，予約したり，利用統計を作成したりすることが可能となる。システムのセットアップのみならず，メンテナンスも業者に委託することが可能である。

　なお，カード目録からコンピュータ目録に切り替える際は，カード目録の情報をコンピュータ目録に移す必要がある。ある時期以前の資料はカード目録，ある時期以降の資料はコンピュータ目録とすることもできるが，効率的な検索を考えると，一元化することが望ましい。

　コンピュータ目録は導入だけでなく維持にも大きなコストがかかる。目録整備のための継続的な予算を確保するためには，学校や関係部署における目録の意義や役割に関する理解が不可欠である。また，市区町村による総合目録構築計画の策定も有効である。合意形成の難しさはあるものの，共通の図書館システムのパッケージ製品を導入することによる

スケールメリットや，地域での相互利用の活性化，目録整備に関する情報交換など，大きな利点がある。

　予算などの制約によって図書館システムを導入することが難しい場合は，一般的な表計算ソフトウェアやデータベースソフトウェアを活用する方法もある。タイトル，著者名，出版年，出版者などの書誌情報と，所在記号や資料管理番号などの所在情報を入力してデータベースを構築する。書誌情報については，自館で一からデータを作成するのではなく，MARC（Machine-Readable Cataloging：機械可読目録）の活用が効率的であり，データの入力ミスを防ぐことができる。図書館システムやMARCについては，第14章を参照されたい。

　一般的な表計算ソフトウェアやデータベースソフトウェアを活用して目録のデータベースを作成・維持する場合は，データベース構築に関する知識やスキルがある人的資源が必要である。人事異動の際に，適切に引き継ぎを行わないと，データベースの維持が難しくなる場合もある。

　目録規則やその変遷については第２節で述べたが，学校図書館の目録政策においては，これらの動向に着目しながら，どの目録規則を採用するかを決める必要がある。現時点では，広く普及している日本目録規則1987年版改訂３版を採用するのが一般的であると考えられる。しかし，動向を注視しつつ，日本目録規則2018年版の採用も視野に入れたい。

　また，目録の記述の詳細レベルを決め，入力すべき書誌事項を決定する必要がある。日本目録規則1987年版改訂３版では，表12‐２のように，３段階で記述の精粗の水準を定めている。

　各図書館での適用は，その規模や方針に応じて書誌的事項の取捨選択を行うことができるとされている。第１水準は必須の書誌的事項であり，図12‐５のとおりである。第２水準は標準の書誌的事項であり，図12‐６のとおりである。第３水準は，日本目録規則1987年版改訂３版で規定

表12-2　記述の精粗（日本目録規則1987年版改訂 3 版）

水準	説明
第 1 水準	それぞれの図書館において目録の機能を発揮する上で必須の書誌的事項
第 2 水準	通常の目録において必要とされる範囲内の標準的書誌的事項
第 3 水準	国際的な書誌情報の流通に十分に対応可能な詳細度の書誌的事項

図12-5　第 1 水準の書誌的事項

本タイトル␣／␣最初の責任表示. ␣-␣版表示. ␣-␣資料（または刊行方式）の特性に関する事項. ␣-␣出版者または頒布者等, ␣出版年または頒布年等. ␣-␣特定資料種別と資料の数量. ␣-␣（本シリーズ名）

図12-6　第 2 水準の書誌的事項

本タイトル␣［資料種別］␣：␣タイトル関連情報␣／␣責任表示. ␣-␣版表示␣／␣特定の版にのみ関係する責任表示. ␣-␣資料（または刊行方式）の特性に関する事項. ␣-␣出版地または頒布地等␣：␣出版者または頒布者等, ␣出版年または頒布年等. ␣-␣特定資料種別と資料の数量␣：␣その他の形態的細目␣；␣大きさ␣+␣付属資料, ␣-␣（本シリーズ名␣／␣シリーズに関する責任表示, ␣シリーズの ISSN ␣；␣シリーズ番号, ␣下位シリーズの書誌的事項）. ␣-␣注記. ␣-␣標準番号

図12-7　第 2 水準の書誌的事項（改行を用いる場合）

本タイトル␣［資料種別］␣：␣タイトル関連情報␣／␣責任表示
版表示␣／␣特定の版にのみ関係する責任表示
資料（または刊行方式）の特性に関する事項
出版地または頒布地等␣：␣出版者または頒布者等, ␣出版年または頒布年等特定資料種別と資料の数量␣：␣その他の形態的細目␣；␣大きさ␣+␣付属資料, ␣-␣（本シリーズ名␣／␣シリーズに関する責任表示, ␣シリーズの ISSN ␣；␣シリーズ番号, ␣下位シリーズの書誌的事項）
注記
標準番号

するすべての書誌的事項である。書誌的事項は，ISBD 区切り記号法で区切る。日本目録規則1987年版改訂 3 版の句読法と記号法は，その付録 1 に記されている。

　目録対象の資料に該当する書誌的事項がない場合は，記載する必要はない。例えば，版表示について記載のない資料については，版表示に関する書誌的事項を記載する必要はない。

　図12 – 7 のように，改行を用いて書誌的事項を記述することもできる。その場合，改行した書誌事項の前に区切り記号を置かない。なお，図12 – 5 から12 – 7 の ⌣ はスペースを表している。

注・参考文献

1　日本図書館情報学会用語辞典編集委員会編『図書館情報学用語辞典』第 5 版，丸善，2020.

2　日本図書館協会目録委員会編『日本目録規則2018年版』日本図書館協会，2018.

3　文部科学省．令和 2 年度「学校図書館の現状に関する調査」の結果について．2021.7.29.　https://www.mext.go.jp/b_menu/houdou/mext_00665.html（確認2021.10.30）

4　文部科学省．学校図書館ガイドライン．2016.11.29.　https://www.mext.go.jp/a_menu/shotou/dokusho/link/1380599.htm（確認2021.1.12）

5　図書館情報学ハンドブック編集委員会編『図書館情報学ハンドブック』第 2 版，丸善，1999，p.263.

6　文部科学省．令和 2 年度「学校図書館の現状に関する調査」の結果について．2021.7.29.　https://www.mext.go.jp/b_menu/houdou/mext_00665.html（確認2021.10.30）

7　守谷中央図書館．学校図書館との連携．https://www.city.moriya.ibaraki.jp/tanoshimu/library/school_support/instruct.html（確認2021.1.12）

8　日本図書館情報学会用語辞典編集委員会編『図書館情報学用語辞典』第 5 版，

丸善，2020.

9　実体関連モデル（ER モデル）を用いた書誌レコードの概念モデル

蟹瀬智弘．所蔵目録からアクセスツールへ：RDA（Resource Description and Access）が拓く新しい情報の世界，情報管理，56（2），2013.5，p.84-92.

北克一・平井尊士著『学校図書館メディアの構成』（改訂新版）放送大学教育振興会，2016.

志保田務，田村俊明，村上幸二改訂『分類・目録法入門：メディアの構成』（新改訂第6版）第一法規，2020.

「シリーズ学校図書館学」編集委員会編『学校図書館メディアの構成』全国学校図書館協議会，2010.

日本図書館協会目録委員会編『日本目録規則1987年版改訂3版』日本図書館協会，2006.

日本図書館協会目録委員会編『日本目録規則2018年版』日本図書館協会，2018.

渡邉隆弘．日本目録規則2018年版：つながりをもった目録へ．図書館雑誌，113（8），2019，p.509-511.

13 | 学校図書館メディアの記述目録法 2

呑海沙織

《**目標＆ポイント**》　本章では，目録の構成，書誌階層構造，記述の情報源，書誌的事項の記録の方法，図書の記述，雑誌の記述について理解し，日本目録規則1987年版改訂３版に基づく目録作成作業を行うための知識を身につけることを目的とする。日本目録規則の最新版である2018年版についても，その基本的な考え方について学ぶ。

《**キーワード**》　日本目録規則1987年版改訂３版，日本目録規則2018年版，記述（書誌記述），標目，所在情報，書誌階層構造，記述の情報源

1. 日本目録規則1987年版改訂第３版の構成

　本章では，学校図書館における目録作成の実際として，日本目録規則1987年版改訂３版（以下，NCR）の目録規則について学ぶ。NCR の構成は，図13－1の通りである。序説，総則（第０章）に続き，記述（第Ⅰ部），標目（第Ⅱ部），排列（第Ⅲ部）の３部構成となっている。

　序説では，目録規則の意義や，日本目録規則制定の経緯，目録記入方式（基本記入方式，記述ユニット方式），書誌階層の概要，用語などについて記されている。総則では，この規則の目的や，対象とする資料の範囲，MARC，書誌的記録の構成，記述と標目の機能，書誌階層構造などについて記されている。

　第Ⅰ部から第Ⅲ部は，記述（第Ⅰ部），標目（第Ⅱ部），排列（第Ⅲ部）という構成になっており，①記述の決定，②標目の選定，③標目の形式

決定，④参照作成，⑤排列という，一般的な目録作業の手順が反映されている。記述の部（第Ⅰ部）では，総則のあとに，図書や書写資料などの各特定資料についての規則が置かれている。標目の部（第Ⅱ部），排列の部（第Ⅲ部）では，それぞれ総則のあとに，標目の種類，目録の種別ごとに規則が置かれている。

その他，記述付則（記述の記載様式，記述の記載例），標目付則（片かな表記法，単一記入制目録のための標目選定表），付録（句読法・記号法，略語表，国名標目表，無著者名古典・聖典統一標目表，カード記入例，用語解説），索引がある。

2. 目録の構成

目録（目録記入）の構成は，3つの部分に分けて考えることができる。記述（書誌記述），標目，所在情報である。

序説
第0章　総則

第Ⅰ部　記述
第1章　記述総則
第2章　図書
第3章　書写資料
第4章　地図資料
第5章　楽譜
第6章　録音資料
第7章　映像資料
第8章　静止画資料
第9章　電子資料
第10章　博物資料
第11章　点字資料
第12章　マイクロ資料
第13章　継続資料
記述付則1　記述の記載様式
記述付則2　記述の記載例

第Ⅱ部　標目
第21章　標目総則
第22章　タイトル標目
第23章　著者標目
第24章　件名標目
第25章　分類標目
第26章　統一タイトル
標目付則1　片かな表記法
標目付則2　単一記入制目録のための標目選定表

第Ⅲ部　排列
第31章　排列総則
第32章　タイトル目録
第33章　著者目録
第34章　件名目録
第35章　分類目録

図13-1　日本目録規則1987年版改訂3版の構成

「わかる」とは何か

長尾真 著

詳細情報

タイトル：	「わかる」とは何か
著者：	長尾真 著
著者標目：	長尾, 真, 1936-
シリーズ名：	岩波新書
出版地(国名コード)：	JP
出版地：	東京
出版社：	岩波書店
出版年月日等：	2001.2
大きさ、容量等：	186p ; 18cm
ISBN：	4004307139
価格：	700円
JP番号：	20162212
出版年(W3CDTF)：	2001
件名(キーワード)：	科学技術
	[上位語] => 技術
	[下位語] => 科学技術とジャーナリズム
	[下位語] => 情報技術
	[下位語] => ナノテクノロジー
	[関連語] => 科学技術研究
	[関連語] => 科学技術教育
	[関連語] => 科学技術情報
	[関連語] => 科学
NDLC：	M21
NDC(9版)：	404：論文集. 評論集. 講演集
対象利用者：	一般
資料の種別：	図書
言語(ISO639-2形式)：	jpn：日本語

図13-2　目録レコードの例（NDL サーチの検索結果）

図13-2は，目録レコードの例（国立国会図書館が提供する NDL サーチの検索結果）である。この例を参照しながら，記述，標目，所在情報について理解を深める。

　なお，本章では，NCR の条項番号を【】内で示す。

（1）記述【1.0.0.1, 1.0.1】

書誌的情報を提示するための書誌的事項の組織的な集合を記述といい，書誌記述ともいう。ある資料を他の資料と同定識別する機能をもつ。書誌的事項は，他の資料と同定識別できる範囲で，必要かつ十分なだけ記録する必要がある。ISBD に基づく構成順序で組織的に記録するとともに，書誌的事項の区切りと識別のために，ISBD 区切り記号を用いる。

記述の範囲は，以下の通りであるが，その資料の付属資料や内容細目なども記録することがある。

（1）タイトルと責任表示に関する事項【1.1】
（2）版に関する事項【1.2】
（3）資料（または刊行方式）の特性に関する事項【1.3】
（4）出版・頒布等に関する事項【1.4】
（5）形態に関する事項【1.5】
（6）シリーズに関する事項【1.6】
（7）注記に関する事項【1.7】
（8）標準番号・入手条件に関する事項【1.8】

図13-2の例では，「タイトル：『わかる』とは何か」「シリーズ名：岩波新書」がタイトルに関する事項，「著者：長尾真著」が責任表示に関する事項，「出版地：東京」「出版社：岩波書店」「出版年月日等：2001.2」が出版・頒布等に関する事項，「大きさ，容量等：186p；18cm」（総ページ数186ページ，図書の高さ18cm）」が形態に関する事項，「ISBN：4004307139」「価格：700円」が標準番号・入手条件に関する事項である。

図書および雑誌（継続資料）の記述については，第6節および第7節で詳述する。

（2）標目【21.0，21.2，21.4.1】

　標目は，資料を検索するための手がかりとなるものであり，目録記入の配列を決定するための第一要素となる。アクセス・ポイントともいう。標目は，下記のように4種類ある。

　（1）タイトル標目
　（2）著者標目
　（3）件名標目
　（4）分類標目

　タイトル標目および著者標目のよりどころとなるのは，記述中に含まれるタイトルや著者名だけでなく，記述中にはないが参照によって導かれるタイトルや著者名である。件名標目は，その図書館が採用する件名標目表で与えられる件名，分類標目はその図書館が採用する分類表で与えられる分類記号がそれぞれそのよりどころとなる。

　なお，著者標目，件名標目については，統一標目を用いることを原則とする。統一標目とは，著者名典拠ファイル，件名標目表，件名典拠ファイルに定められた形である。

　図13-2の例では，「著者標目：長尾，真，1936-」が著者標目である。「著者」フィールドの「長尾真 著」をクリックすると，「長尾真」の著作だけでなく，「長尾真道」や「長尾真佐榮」など，「長尾真」以外の「長尾真」を文字列にもつ著者の著作もヒットする。一方，「著者標目」フィールドの「長尾，真，1936-」をクリックすると，「長尾真」の著作のみがヒットする。これは，著者名典拠ファイルが作成されているからこそ実現する仕組みである。なお，「1936」は生年を意味し，「-」の後には没年が記載される。このように，同姓同名の著者を識別するために，生年没年が付記されることもある。

　図13-2の「件名（キーワード）：科学技術」は件名標目，「NDLC：

M21」「NDC（9版）404：論文集．評論集．講演集」は分類標目である。
NDLC は国立国会図書館分類表（National Diet Library Classification），
NDC は日本十進分類法（Nippon Decimal Classification）を意味する。
件名標目や分類標目によって，主題（テーマ）からの効率的な検索が可
能になる。

　なお，任意規定として，タイトル標目については，無著者名古典，聖
典および音楽作品の範囲内で統一標目（統一タイトル）を用いることが
できる【21.2.1】。また，その図書館で標目として付与しているものを指
示する情報を標目指示といい，編成する目録の種別ごとに記載する
【21.4.1】。トレーシングともいう。

（3）所在情報

　資料の所在を示す情報である。資料の配架位置を示す所在記号（請求
記号ともいう）や排架場所，貸出状態などが記載される。図13-2の「請
求記号：M21-G138」「東京　本館書庫」が所在情報である。この資料は，
東京本館の書庫に排架されており，所在記号は M21-G138であることを
示す。

3. 書誌階層構造

　資料は，単一で刊行されるものばかりでなく，シリーズの中の一巻で
ある場合がある。また，一つのタイトルの中に，複数の著作が含まれる
場合もある。これらの場合，シリーズ名や一つのタイトルの中の個々の
著作のタイトルからも資料を探せるような仕組みになっていることが望
ましい。

　このような関係性を表すために，NCR では，書誌階層構造【0.8】と
いう考え方が導入されている。例えば図13-3において，『泉鏡花集』

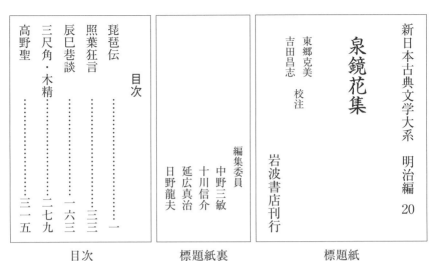

図13-3　標題紙・目次の例（『泉鏡花集』）

という図書は，『新日本古典文学大系　明治編』という全30巻のシリーズのうちの一巻（第20巻）であり，「琵琶伝」「照葉狂言」「辰巳巷談」「三尺角・木精」「高野聖」という作品が収められている。図13-4は，この例の書誌階層構造を表した図である。それぞれの書誌階層は，下記の通りである。

　・基礎書誌レベル（単行書誌レベル）：『泉鏡花集』
　・上位書誌レベル（集合書誌レベル）：『新日本古典文学大系　明治編』
　・下位書誌レベル（構成書誌レベル）：「琵琶伝」など

　『泉鏡花集』の著者は泉鏡花であり，校注者は東郷克美・吉田昌志であるので，単行書誌単位の責任表示として記録される。中野三敏・十川信介・延広真治・日野龍夫は，シリーズ，つまり『新日本古典文学大系　明治編』の編者であるので，集合書誌単位の責任表示として記録される。

　雑誌の場合は，継続刊行書誌単位として継続して刊行される雑誌を基

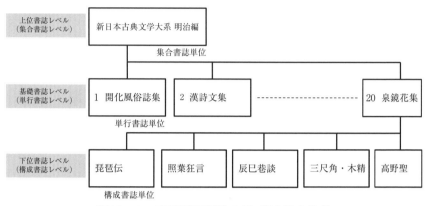

図13-4　書誌階層構造の例（『泉鏡花集』）

礎書誌単位とする。例えば，全国学校図書館協議会から発行されている雑誌『学校図書館』は月刊である。この場合，2021年4月号や2021年5月号といった各号それぞれに目録記入を作成するのではなく，『学校図書館』を基礎書誌単位（継続刊行書誌単位）とする。

4. 記述の情報源

　記述は，その資料の情報源に表示されている事項を次節で述べる転記の原則により，記録する。情報源は，資料を構成する各部分に基づいて，下記のような優先順位とする。記述の情報源は，資料本体のみでないことに留意する。なお，それぞれの資料（または刊行方式）に関する記述の情報源は，NCR第2章から第13章までの各章に定められている。
　（1）資料本体（カセット，カートリッジ等を含む）
　（2）付属文字資料
　（3）資料本体と分離可能な容器（箱，帙等），カバーなど
　（4）その資料以外の情報源

5. 書誌的事項の記録

　書誌的事項の記録については，記述対象資料に表示されているとおり
に記録する事項と，目録用の言語・文字を用いて記録する事項とがある
ことに注意する。なお，目録用の言語・文字は原則として日本語である。
【0.6.1】

（1）転記の原則【1.0.6.1】

　下記の書誌的事項については，原則として記述対象資料に表示されて
いるとおりに記録する。

　　（1）タイトルと責任表示に関する事項
　　（2）版に関する事項
　　（3）出版・頒布等に関する事項
　　（4）シリーズに関する事項

（2）目録用の言語・文字【1.0.6.2】

　形態に関する事項や注記に関する事項などは，特に記述対象から転記
する必要がある事項を除いて，原則として日本語で記録する。

（3）文字の転記【1.0.6.3】

① 漢字は原則として，情報源に使用されている字体で記録する。かな
　はそのまま記録するが，変体がなは平がなに改める。
　〔例〕文章讀本　→　文章讀本
② 外国の文字も，原則としてそのまま記録するが，大文字の使用法は
　言語の習慣に従う。
　〔例〕HARRY POTTER and the Philosopher's Stone

      → Harry Potter and the philosopher's stone

③　情報源の文字の大小は再現せず，すべて同一の大きさの文字で記録
　する。

（4）数字の記録【1.0.6.4】

　タイトルおよび責任表示に関する事項は，そのままの形で転記する。
その他の書誌的事項は，数量や順序などを示す数字はアラビア数字とす
る。

　〔例〕追憶の一九八九年　→　追憶の一九八九年
　〔例〕改訂二版　→　改訂 2 版

（5）誤記・誤植【1.0.6.6】

　書誌的事項が明らかに間違っている場合は正しい形に訂正し，訂正し
たことがわかるような方法で記録する。必要があるときは，もとの形
（誤記・誤植）を注記する。脱字は補記する。

（6）ISBD 区切り記号法【1.0.6.7】

　各書誌的事項を同定識別するために，ISBD 区切り記号法を使用する。
ISBD 区切り記号法を使用することによって，各書誌的事項を明確に指
示することができるため，言語の別なく書誌情報の理解を容易にするこ
とができる。書誌情報の交換や，機械可読目録（MAchine-Readable
Cataloging：MARC）への変換にも有効である。MARC については，
第14章で説明する。

6. 図書の記述

　NCR において図書の記述については，第2章で規定されている。以下，図書の記述について説明する。

（1）記述の対象とその書誌レベル【2.0.2.1，2.0.2.2】

　原則として，単行書を記述の対象とする。この場合の単行書とは，固有のタイトルを有する単独に刊行された図書である。記述の対象に応じて，以下のような書誌レベルの記録を作成する。

　　・単行書：単行レベル
　　・単行書の集合：集合レベル
　　・構成部分：構成レベル

（2）記述の情報源【2.0.3.1】

　記述の情報源は，図書を構成する部分に基づいて，下記のような優先順位となる。

　　（1）標題紙（標題紙裏を含む），奥付，背，表紙
　　（2）図書本体の（1）以外の部分
　　（3）カバー，箱等
　　（4）その図書以外の情報源

（3）書誌的事項の記録

　書誌的事項は，1）タイトルと責任表示に関する事項，2）版に関する事項，3）出版・頒布等に関する事項，4）形態に関する事項，5）シリーズに関する事項，6）注記に関する事項，7）ISBN，入手条件に関する事項の順で記録する。

1）タイトルと責任表示に関する事項【2.1】

情報源は，標題紙（標題紙裏を含む），奥付，背，表紙である。本タイトル，並列タイトル，タイトル関連情報，責任表示の順に記録する。なお，標題紙，奥付，背，表紙に表示されているタイトルが異なる場合は，共通するタイトルを記録する。共通するタイトルがない場合は，標題紙，奥付，背，表紙の優先順位に従って選定したタイトルを記録し，他のタイトルは注記とする。

① 本タイトル【2.1.1】

本タイトルとして選定するタイトルであり，他図書と同定識別される固有の名称である。原則として，情報源に表示されているとおりに転記する。但し，本タイトルの一部が2行書きや小さな文字で表示されている場合は，すべて同じ大きさの文字で1行書きとする。

〔例〕 詳説英文法 → 詳説英文法

② 並列タイトル【2.1.3】

本タイトルとして選定するタイトルの別言語および別の文字のタイトルで，所定の情報源に表示されているタイトルである。例えば，英語で書かれた図書の翻訳書の場合，原書の英語のタイトルが並列タイトルとなる。

③ タイトル関連情報【2.1.4】

タイトル関連の情報であり，サブタイトルやタイトル先行事項を含む。タイトル先行事項とは，タイトルの上方や前方に表示されていることが多く，タイトルを説明する事項である。タイトル関連情報は，関連する

タイトルに続けて記録する。

〔例〕プルーストとイカ␣：␣読書は脳をどのように変えるのか？

④　責任表示【2.1.5】
　責任表示には，直接的な著作者，例えば本文の著者や編さん者だけでなく，間接的な原作者，編者，訳者なども含む。通常，責任表示としての人名や団体名には，その著作への関与の仕方や役割などを示す語句が付加される。著作の種類を示す語には，著，共著，訳，作，文，画などがある。複数の異なる役割がある責任表示は，セミコロン（␣：␣）でつなぐ。

〔例〕プルーストとイカ␣：␣読書は脳をどのように変えるのか？
　　　␣／␣メアリアン・ウルフ著␣：␣小松淳子訳

2）版に関する事項【2.2】
　情報源は，標題紙（標題紙裏を含む），奥付，背，表紙である。版表示，特定の版にのみ関係する責任表示，付加的版表示，付加的版にのみ関係する責任表示の順に記録する。版表示には通常，序数と版，または他の版との差を示す「改訂」や「新」等の語と「版」という用語が結びついた形がある。原則として，情報源に表示されているとおりに転記するが，漢数字などはアラビア数字で記録する。また，新装版，豪華版，普及版など，印刷原版等が同一であっても外装に差があり，かつ特定の版として表示されているものは版として扱う。なお，刷次は原則として記録しない。版表示は，責任表示のあとにピリオドとダッシュ（.␣-␣）でつないで記録する。

〔例〕速習デザイン Web デザイン基礎␣／␣境祐司著.␣-␣改訂
3版

3）出版・頒布等に関する事項【2.4】

　情報源は，標題紙（標題紙裏を含む），奥付，背，表紙である。出版地等，出版者等，出版年等，製作項目（製作・印刷地，製作・印刷者，製作・印刷年）の順に記録する。

①　出版地等【2.4.1】

　所定の情報源において，出版者等の名称と関連して表示されている地名（市，町，村）である。日本の出版地は，出版者が所在している市町村名を記録する。識別上必要があるときは，都道府県名を付記または補記する。なお，市名の「市」は記録しない。東京特別区は「東京」とのみ記録する。

　　〔例〕東京都文京区　→　東京
　　　　　東京都府中市　→　府中␣（東京都）
　　　　　広島県府中市　→　府中␣（広島県）

②　出版者等【2.4.2】

　出版，頒布，公開，発行等について責任がある個人もしくは団体の名称である。出版社名に付されている法人組織を示す語などは省略する。私家版は個人名を記録する。出版者等は，出版地等のあとにコロン（␣：␣）でつないで記録する。

　　〔例〕株式会社樹村房　→　東京␣：␣樹村房

③　出版年等【**2.4.3**】

　情報源に表示されている出版，発行，頒布等の年である。出版年は，その出版物が属する版が最初に刊行された年を記録する。版の最初の刊行年であり，刷りの年ではないことに留意する。出版年は西暦で，関連する出版者等の名称のあとに記録する。

〔例〕2012年 5 月12日　　初版発行
　　　2017年 5 月23日　　改訂版発行　　　→　　出版年は2017年
　　　2020年 3 月16日　　改訂版第 2 刷発行

4 ）形態に関する事項【2.5】

　ページ数・図版数等，挿図・肖像・地図等，大きさ，付属資料の順に記録する。

①　ページ数等【**2.5.1**】

　図書の形態的記述では，特定資料種別は記録せず，ページ数，図版数のみを記録する。図書が 2 冊以上からなるときは冊数を記録する。ページ数等は，印刷されたページ付けなどの最終ページ数をアラビア数字で記録し，「 p 」等を付加する。ページ付が 2 種以上ある図書は，ページ付ごとにコンマで区切って記録する。ページ付がない場合は，ページ数を数えてそのページ数を角がっこ（[　]）の中に記録する。

〔例〕[5]，␣258，15p

②　大きさ【**2.5.3**】

　外形の高さを実測し，センチメートルの単位で端数を切り上げて記録

する。但し，外形の高さが10cm以下のものは，センチメートルの単位
で小数点1桁まで端数を切り上げて記録する。縦長本（縦の長さが横の
長さの2倍以上ある図書）や横長本（横の長さが縦の長さより長い図書）
については，縦と横の長さを乗号（×）で結んで記録する。

〔例〕実測値が21.3cm　→　22cm
　　　実測値が8.5cm　→　8.5cm
　　　縦の実測値が15.2cm，横の実測値が25.3cm　→　16×26cm

③　付属資料【2.5.4】
　ある図書と同時に刊行され，その図書とともに利用するようになって
いる付属物。形態に関する事項の最後にプラス記号（␣+␣）を付し，
その付属資料の特性を示す語句を記録する。必要に応じて数量，大きさ
等を付記する。

〔例〕238p␣；␣22cm␣+␣別冊付録␣（150p␣；20cm）
　　　352p␣；␣21cm␣+␣CD-ROM1枚␣（12cm）

5）シリーズに関する事項【2.6】
　本シリーズ名，並列シリーズ名，シリーズ名関連情報，シリーズに関
係する責任表示，シリーズのISSN（任意規定による事項），シリーズ番
号，下位シリーズの書誌的事項の順に記述する。単行書誌単位がシリー
ズ等に属している場合，そのシリーズ（集合書誌単位）の書誌的事項を
シリーズに関する事項として記録する。シリーズに関する事項は，形態
事項に続けてピリオドとダッシュ（.␣-␣）に続けて記録する。シ
リーズ番号は，シリーズ全体にかかわる責任表示のあとにセミコロン

（␣：␣）でつないで記録する。

〔例〕（シリーズいま，学校図書館のやるべきこと␣／␣有賀澄江編
　　　␣：␣2）

6）注記に関する事項【2.7】

　目録作成機関が各書誌的事項の記述に説明を加える必要があると認め
た場合に記録する。また，その図書の記述に関連する内容についても必
要があれば記録する。2つ以上の注記がある場合は，それらが関連する
書誌的事項の記録順序に従って記録する。但し，誤記や誤植に関する注
記は最初に記録する。

7）ISBN，入手条件に関する事項【2.8】

　ISBN，入手条件・定価（任意規定による事項）の順に記述する。
ISBN（International Standard Book Number：国際標準図書番号）は，
13桁のユニークな図書の番号であり，図書を同定識別するのに有効であ
る。2006（平成18）年12月発行分までは10桁の番号が使用されていた。
図書がセットものに属する場合は，単行書の ISBN の記録の後にダッ
シュ（␣-␣）でつなぎ，セットもの全体に付与された ISBN を「（セッ
ト）」と付加して記録する。

〔例〕ISBN 978-4-386-05901-4␣-␣ISBN 978-4-384-05900-7
　　　（セット）

7. 雑誌の記述

　NCR では雑誌の記述について，第13章で規定されている。以下，雑誌の記述について説明する。

（1）継続資料とは【13.0】
　NCR 第13章で規定されている継続資料とは，完結を予定せずに継続して刊行される資料である。継続資料は下記２つに分類されている。
１）逐次刊行物
　同一のタイトルのもとに，一般に巻次，年月次を追って，個々の部分（巻号）が継続して刊行される資料である。例えば，雑誌，新聞，年鑑などがある。
２）更新資料
　更新により内容に追加・変更はあっても，１つの刊行物としてのまとまりが維持されている資料である。加除式資料，更新されるウェブサイトなどがある。

（2）記述の対象とその書誌レベル【13.0.2】
　継続資料を記述の対象とするときは，継続刊行単位を記述の本体とする書誌的記録を作成する。つまり，雑誌の場合，同一のタイトルのもとに刊行される一号一号ではなく，継続して刊行される一連の雑誌を記述対象とする。
　本タイトルあるいは責任表示に重要な変化が生じた場合，別の新しい書誌的記録を作成する。変化前後のタイトルに対応する各書誌的記録に，本タイトルの変化について注記する。軽微な変化の場合，新たな書誌的記録は作成しない。例えば，情報科学技術協会が発行する『ドクメン

テーション研究』（1986年7月発行分までは日本ドクメンテーション協
会発行）は，1987年1月発行分から『情報の科学と技術』に誌名変更さ
れた。この場合，『ドクメンテーション研究』と『情報の科学と技術』
は別の書誌的記録とし，『ドクメンテーション研究』の書誌的記録の注
記に『情報の科学と技術』の情報を，『情報の科学と技術』の書誌的記
録の注記に『ドクメンテーション研究』の情報をそれぞれ記録する。

（3）記述の情報源 【13.0.3】

　逐次刊行物の情報源は，初号から（本タイトルあるいは責任表示の重
要な変化により新しい書誌的記録を作成した場合は，変化後の最初の号）
とする。初号の情報が不明である場合は，入手できた最初の号からとす
る。
　印刷形態の表紙または標題紙のある逐次刊行物の記述の情報源は，次
の優先順位とする。
　①　表紙，標題紙，背，奥付
　②　当該資料の他の部分
　③　当該資料以外の情報源
　印刷形態以外の継続資料については，関連する各章で規定されている
ところによる。
　印刷形態の逐次刊行物（表紙または標題紙のあるもの）について，各
書誌的事項の情報源は，下記の通りである。
　①　タイトルと責任表示：表紙，標題紙，背，奥付
　②　版：表紙，標題紙，背，奥付
　③　順序表示：その逐次刊行物から
　④　出版・頒布等：表紙，標題紙，背，奥付
　⑤　形態：その逐次刊行物から

⑥　シリーズ：表紙，標題紙，背，奥付
⑦　注記：どこからでもよい
⑧　標準番号，入手条件・定価：どこからでもよい

（4）記述すべき書誌的事項とその記録順序【13.0.4，13.3】

　基本的に図書と同じであるが，版に関する事項と出版・頒布等に関する事項の間に，順序表示に関する事項が加わる。順序表示は，逐次刊行物の刊行の状態を示すものであり，タイトルおよび責任表示だけでなく，この記録によってそれぞれの逐次刊行物が同定識別されることがある。順序表示に関する事項は，巻次，年月次を記録する。

　順序表示は，初号と終号について記録する。本タイトルあるいは責任表示の重要な変化により新しい書誌的記録を作成した場合は，変化後の最初の号および最後の号について記録する。但し，刊行中のものは初号についてのみ記録する。順序表示に関する事項の前には，ピリオドとダッシュ（．␣－␣）を置いてつなぐ。

〔例〕地域文化研究．␣－␣1号␣（2003年3月31日）

8．日本目録規則2018年版

　さいごに，日本目録規則の最新版である2018年版（以下，NCR2018）について簡単に触れる。図13－5は，NCR2018の目次である。1987年版改訂3版とその構成から大きく異なることがわかる。

　NCR2018は，FRBR等の概念モデルに準拠し，RDAとの相互運用性の担保を目指したために抜本的見直しが行われた。そのため，NCR2018の各図書館や各図書館システムへの適用は，相応の時間がかかることが想定される。先陣をきった国立国会図書館では，2021（令和3）年1月

からNCR2018の適用を開始している。一方，NACSIS-CATにおける検討は2020（令和2）年以降，民間のMARC作成機関でも検討が開始されている。NCR2018を実装するにあたっては，従来のNCRと比べると自由度がかなり高いため，入力方針の検討や，書誌フレームの選定が必要である。

目録委員会報告
序説

第1部　総説
第2部　属性
　＜属性の記録＞
　セクション1　属性総則
　セクション2　著作，表現形，体現形，個別資料
　セクション3　個人・家族・団体
　セクション4　概念，物，出来事，場所
　＜アクセス・ポイントの構築＞
　セクション5　アクセス・ポイントの構築総則
第3部　関連
　セクション6　関連総則
　セクション7　資料に関する関連
　セクション8　その他の関連
付録
　付録A.1　片仮名記録法
　付録A.2　大文字使用法
　付録A.3　略語使用法
　付録B.1　語彙のリストの用語
　付録B.2　三次元資料の種類を示す用語と用いる助数詞（追加分）
　付録C.1　関連指示子：資料に関するその他の関連
　付録C.2　関連指示子：資料と個人・家族・団体との関連
　付録C.3　関連指示子：資料と主題との関連（保留）
　付録C.4　関連指示子：個人・家族・団体の間の関連
　付録D　用語解説
索引

図13-5　日本目録規則2018年版の構成

　図13-6は，NCR2018が依拠する概念モデルの概要である。この概念モデルでは，「実体」「属性」「関連」を構成要素とする。

　「実体」は，書誌データの利用者の主要な関心対象を表す単位である。図13-6では，点線の四角で囲われた部分である。目録は，各種の実体についての記述から成る。NCR2018における実体は，著作，表現形，体現形，個別資料（以上，第1グループ），個人，家族，団体（以上，第2グループ），概念，物，出来事，場所（以上，第3グループ）の計11個である。「属性」は，実体の発見・識別等に必要な特性である。実体ごとに，各実体を表現するのに必要な属性が設定される。図13-6では，著作，表現形，体現形それぞれに例が示されている。「関連」は，実体（資料，個人・家族・団体，主題）間に存在する関係性であり，矢印で示されている。異なる実体間に存在する関連と，同じ種類の実態間に存在する関連とがある。

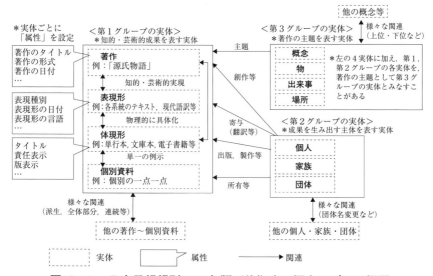

図13-6　日本目録規則2018年版が依拠する概念モデルの概要
出典：「日本目録規則」2018年版，日本図書館協会目録委員会編，2018，p.23.

参考文献

小田光宏編『学校図書館メディアの構成』樹村房，2016.

北克一・平井尊士『学校図書館メディアの構成』改訂新版，放送大学教育振興会，2016.

志保田務，田村俊明，村上幸二『分類・目録法入門：メディアの構成』新改訂第 6 版，第一法規，2020.

日本図書館協会目録委員会編『日本目録規則2018年版』日本図書館協会，2018.

日本図書館協会目録委員会編『日本目録規則1987年版改訂 3 版』日本図書館協会，2006.

渡邊隆弘「『日本目録規則2018年版』のはじまり：実装に向けて」カレントアウェアネス，340，2019.

14 | 学校図書館メディアの記述目録法3

吞海沙織

《**目標＆ポイント**》　本章では，MARC（MAchine-Readable Cataloging：機械可読目録），集中目録方式と共同分担目録方式，総合目録，ネットワーク情報資源の組織化と活用，図書館システムの導入について理解することを目的とする。

《**キーワード**》　MARC，集中目録方式，共同分担目録方式，総合目録，書誌ユーティリティ，図書館システム

··

1．MARC

　MARC とは，"MAchine-Readable Cataloging" の接頭語であり，機械可読目録ともよばれる。日本目録規則1987年版改訂3版では，MARC を「書誌記述，標目，所在記号などの目録記入に記載される情報を，一定のフォーマットにより，コンピュータで処理できるような媒体に記録すること，または記録したもの」と定義している。つまり，コンピュータで読み取り可能な目録である。

　書誌データのフォーマットは，1960年代にアメリカ議会図書館によって開発された。1977（昭和52）年に IFLA（International Federation of Library Associations and Institutions：国際図書館連盟）が MARC 標準フォーマットとして UNIMARC を公表したことによって，MARC の国際交換が円滑に行えるようになった。

　現在，事実上の国際標準となっている MARC21は，1997（平成9）

年にアメリカ合衆国の USMARC とカナダの CAN／MARC が統合され
た MARC である。1975（昭和50）年から UKMARC を維持してきた英
国図書館では，2004（平成16）年に MARC21に移行した。日本では，
国立国会図書館が1981（昭和56）年から UNIMARC に準拠した
JAPAN／MARC フォーマットを頒布していたが，2012（平成24）年か
ら MARC21に変更している。

　各国の国立図書館による MARC は，全国書誌としての機能をもつ。
全国書誌とは，ある国で刊行されたすべての出版物の網羅的・包括的な
書誌を意味する。日本では，国立国会図書館法第7条に基づいて，国立
国会図書館が全国書誌を作成・提供している。納本制度に基づいて収集
された国内出版物と，寄贈や購入等によって収集された国内出版物およ
び外国で刊行された日本語出版物の書誌である。インターネット等で公
開される電子書籍・電子雑誌のうち，無償かつ技術的制限のないオンラ
イン資料についても，全国書誌（電子書籍・電子雑誌編）として提供さ
れている。

　また，民間企業による MARC（民間 MARC）がある。国立図書館に
よる MARC は，新刊書が発行されてから頒布されるまでタイムラグが
ある傾向があるため，選書や発注を目的として使用する場合は，民間
MARC が使われることがある。民間 MARC には，TRC MARC，トー
ハン MARC，日書連 MARC などがある。TRC MARC は，株式会社図
書館流通センター（TRC）が作成・提供している MARC である。TRC
は，日本図書館協会の図書整理事業部が実施していた図書資料の書誌作
成を継承するために1979（昭和54）年に創設された企業である。1982
（昭和57）年に提供が開始された TRC MARC は，日本の8割以上の公
立図書館で採用されているほか，全国の大学図書館等の総合目録データ
ベース NACSIS-CAT でも参照 MARC として利用されている。トーハ

ン MARC は，株式会社トーハンによって提供されている MARC である。

　日書連 MARC は，新刊書店の全国連合会である日本書店商業組合連合会（日書連）によって学校図書館用に作成されている MARC である。日書連の歴史は1945（昭和20）年に結成された日本出版物小売統制組合全国連合会まで遡ることができる。栃木県と山口県を除く45書店商業組合が所属し，2020（令和２）年10月１日現在の所属員数は2,952である[1]。他の MARC と比較すると情報量は少ないものの，廉価であり，特に予算規模が比較的小さい小・中学校で利用されている。

　コンピュータ目録では，これらの MARC を活用することによって，目録作成作業の大幅な省力化を行うことができる。手入力に比べ，より正確により早く目録作成を行うことができる MARC の選択は，図書の購入ルートに影響を与えることもあるため，MARC の採用に際しては充分に検討する必要がある。このような理由からも，コンピュータ目録の導入や作成においては，MARC について理解しておくことが重要である。

2．集中目録方式と共同分担目録方式

　目録の作成には，自館で独自に作成する方法のほか，集中目録方式を利用する方法と，共同分担目録方式を利用する方法がある。本節では，集中目録方式と共同分担目録方式について説明する。

（1）集中目録方式

　集中目録方式とは，国立図書館などが目録を作成し，他の図書館に頒布する方式である。『図書館情報学用語辞典』第５版では，集中目録方式について，「限定された数の機関が，他の図書館などのために集中的

に行う目録作業。全国書誌作成機関が，網羅的に収集した国内出版物を対象にして，標準目録規則に基づきオリジナル目録作業を行うのがその典型である。」と説明している。

（2）共同分担目録方式と書誌ユーティリティ

　共同分担目録方式とは，複数の図書館が共同で分担して目録を作成する方式であり，集中目録方式の対語である。共同分担目録方式を採用することによって，各図書館での目録作業の重複を避け，目録作業の負担を軽減することができ，効率的に目録を作成することができる。

　共同分担目録方式では，書誌ユーティリティ（Bibliographic utility）が構築される。書誌ユーティリティとは，「国または地方レベルの総合目録の作成，維持，提供，利用を中心とした情報システムのサービス，あるいはその提供機関」[2]である。ユーティリティ（utility）とは，効用や役にたつものという意味のほか，電気・ガス・水道等の公益事業や，電話やインターネット等の通信設備等，日常生活を送るうえで必要な基盤という意味を持つこともある。図書館のライフラインである書誌を図書館に供給するという意味でこのように呼ばれる。

　共同分担目録方式によって，全国規模の総合目録データベースを形成する例として，日本では NACSIS-CAT が著名である。NACSIS-CAT は，1985（昭和60）年に，東京大学文献情報センター（当時）によって運用が開始された。現在は，国立情報学研究所（National Institute of Informatics：NII，2000（平成12）年 3 月まで学術情報センター）によって運用されており，全国の大学図書館を中心とする1,300館以上の図書館で構築されている。

　図14 - 1 は，NACSIS-CAT の概要である。各図書館の担当者が目録データを入力することによって，総合目録データベースが作成される。

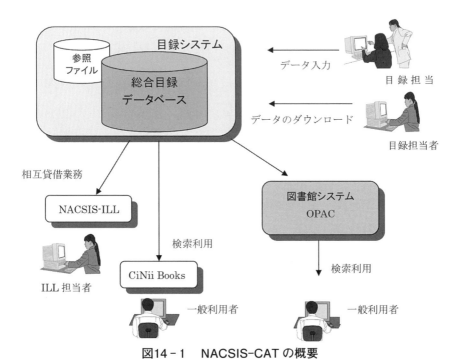

図14-1　NACSIS-CAT の概要
出典：https://www.nii.ac.jp/CAT-ILL/about/cat/pdf/about_cat.pdf
（確認2021.2.15）

　総合目録データベースは，書誌，所蔵，典拠（著者名，統一書名），タイトル変遷（雑誌のタイトル変遷に関わる情報を記録するためのもの），RELATION（並立書誌等，データ間の関係を記録するためのもの），および参加組織のデータセットで構成される[3]。データの作成にあたっては，効率的なデータ作成を目的として，各種 MARC の利用・参照が可能となっている。

　また，総合目録データベースのデータを各図書館の図書館システムにダウンロードすることによって，発注・受入業務や，閲覧・貸出業務に

図14 - 2　国立国会図書館サーチ
出典：https://iss.ndl.go.jp/（確認2021.2.15）

活用できるほか，OPAC として利用者に提供することもできる。

　さらに，この総合目録データベースは，図書館間相互貸借システムである NACSIS-ILL のほか，全国の大学図書館が所蔵する図書や雑誌の書誌情報や所蔵情報をウェブで検索できる CiNii Books でも活用されている。なお CiNii Books は2012（平成24）年10月より，国立国会図書館サーチ（図14 - 2）と横断検索連携を行っている。

（3）総合目録

　前節で，書誌ユーティリティを総合目録に関するシステムのサービスやその提供機関であると説明したが，総合目録とは，複数の図書館の目録を統合した目録のことをいう。第12章で例としてあげた守谷市の学校

図書館と公立図書館の総合目録のような地域的な総合目録のほか，先述した NACSIS-CAT，国立国会図書館サーチやカーリルなどの全国的な総合目録がある。

　国立国会図書館サーチは NDL サーチともいい，全国の公共図書館，大学図書館，専門図書館，公文書館，美術館などの所蔵資料だけでなく，国立国会図書館デジタルコレクションの目次情報，他の期間が提供するデジタル情報を統合的に検索できるデータベースである。

　カーリルは，公共図書館を中心に，大学図書館，専門図書館等の全国の7,300館以上の蔵書検索と貸出状況を横断検索できるサービスである（図14 - 3）。「現在位置から探す」機能を使うと，近くの図書館の蔵書

図14 - 3　カーリル
出典：https://calil.jp/（確認2021.2.15）

やその貸出状況を検索することができる。また「作家リスト」では，作家が「日本の作家」「推理作家」「ライトノベル作家」「評論家」などに分類されており，それぞれの分類の中で五十音順に並べられた作家名一覧から作家名を選び，その著作にアプローチすることもできる。

（4）学校図書館での活用

　このように，コンピュータ目録の作成には，自館で独自に作成する方法のほか，集中目録方式を利用する方法や，共同分担目録方式を利用する方法がある。いずれも一長一短であり，自館の状況に応じた選択をする必要がある。

　また，集中目録方式や共同分担目録方式による書誌レコードは，NCR で規定する第2水準か，それ以上に詳細に作成される傾向がある。よって各学校図書館では，第12章で述べた学校図書館の目録規則に沿って，自館に必要な書誌的事項のみを自館の図書館データベースへ取り込む工夫が必要である。

3.　ネットワーク情報資源の組織化と活用

　近年，図書館の機能は，資料のデジタル化により，「所蔵からアクセス」へとシフトしつつある。これに伴い図書館における組織化は，所蔵資料だけでなく，図書館からアクセスできるネットワーク情報資源へとその対象を広げている。

　学校図書館には，読書センターや学習センターのほか，児童生徒や教職員の情報ニーズに対応し，児童生徒の情報の収集・選択・活用能力を育成する情報センターとしての役割が求められる。情報センターとしての役割を果たすためにも，効率的にネットワーク情報資源を活用することが重要である。

　ネットワーク情報資源には，無料で公開されているものと有料で公開
されているものがある。無料で公開されているものを効果的に活用する
とともに，必要に応じて有料のデータベースや電子書籍などを契約する
必要がある。

　ネットワーク情報資源を効率的に探すためには，メタデータが有用で
ある。メタデータは，データに関するデータ（data about data）や，デー
タに関する構造化されたデータ（structured data about data）である。
「情報資源を効果的に識別・記述・探索するために，その特徴を記述し
たデータ」[4]であり，ネットワーク情報源を管理する必要性から生まれた。
但し，目録もメタデータの一種であり，メタデータの考え方自体は新し
いものではない。

　図14-4は，メタデータ基盤協議会の「メタデータ情報共有のための
ガイドライン」によるメタデータの考え方を示した図である。ペットボ

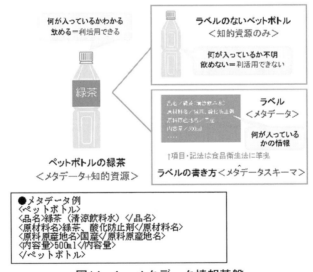

図14-4　メタデータ情報基盤

出典：メタデータ基盤協議会編『メタデータ情報共有のためのガイドライン
　　（2011年3月28日版）』
　　http://www.soumu.go.jp/main_content/000132512.pdf（確認2021.2.15）

　トルの緑茶の例では，メタデータはペットボトルのラベルにあたる。ラ
ベルに適切な情報が記載されているからこそ，消費者は求めるペットボ
トル飲料を適切に選ぶことができる。
　さまざまなコミュニティが，多様な目的でメタデータを作成している。
このようなメタデータを効果的に活用するためには，メタデータ間の相
互運用性を高めることが必要である。
　ダブリンコアは，情報資源を記述するためのメタデータの要素および
語彙である。ネットワーク情報資源の内容の記述に広く活用することが

表14‐1　ダブリンコアの基本記述要素

基本記述要素名	表示名	定義
Title	タイトル	情報資源に与えられた名称
Creator	作成者	情報資源の内容の作成に主たる責任をもつ実体
Subject	キーワード	情報資源の内容のトピック
Description	内容記述	情報資源の内容の説明・記述
Publisher	公開者	情報資源を公開することに対して責任をもつ実体
Contributor	寄与者	情報資源の内容に何らかの寄与，貢献をした実体
Date	日付	情報資源のライフサイクルにおけるなんらかの事象の日付
Type	資源タイプ	情報資源の内容の性質又はジャンル
Format	記録形式	情報資源の物理的形態又はデジタル形態での表現形式
Identifier	資源識別子	当該情報資源を一意に特定するための識別子
Source	出処	当該情報資源が作り出される源になった情報資源への参照
Language	言語	当該情報資源の知的内容を表す言語
Relation	関係	関連情報資源への参照
Coverage	時空間範囲	情報資源の内容が表す範囲又は領域
Rights	権利管理	情報資源に含まれる，又はかかわる権利に関する情報

できる国際的なメタデータの標準規格である。ダブリンコア・メタデータ・イニシアチブ（Dublin Core Metadata Initiative: DCMI）によって維持されている。ダブリンコアの基本記述要素は表14−1の通りである。表示名および定義は，JIS X 0836：2005による。各基本記述要素は，省略可能であり，かつ繰り返し可能とされている。また，どのような順序で現れてもよいとされる。

　国立国会図書館では，ダブリンコアをもとに，独自に拡張した国立国会図書館ダブリンコアメタデータ記述（DC-NDL）を定めている。前述の国立国会図書館サーチ等では，このDC-NDLが採用されている。

4. 図書館システムの導入

　図書館でメディアを効果的に収集・管理・組織化・提供するには，図書館システムの導入が有効である。2016（平成28）年文部科学省の学校図書館ガイドラインでは，「図書館資料を整理し，利用者の利便性を高めるために，目録を整備し，蔵書のデータベース化を図り，貸出し・返却手続及び統計作業等を迅速に行えるよう努めることが望ましい。また，地域内の学校図書館において同一の蔵書管理システムを導入し，ネットワーク化を図ることも有効である。」としている。目録，貸出し・返却手続き，統計作業にとどまらず，学校図書館の業務やサービスが連動した図書館システムを導入すると効果的である。

　図書館システムは，『図書館図書館情報学用語辞典』第5版で下記のように説明されている。

　（1）複数の図書館が，サービス機能の拡大と充実を図るために有機的な協力関係を結んで作り上げた全体組織のこと，またはこうした有機的な協力関係を有する図書館群のこと。通常は各図書館が機

能的な役割分担をしている場合を指す。設置者の異なる独立した図書館間で形成される場合や，単一の自治体や大学などの中で複数の図書館が役割分担を行う場合にも，図書館システムという。（2）図書館における業務の効率化やサービスの高度化を目的に導入されるコンピュータシステムのこと。特定の業務専用ではなく，資料の受入，貸出返却，資料の検索など図書館の業務全般に対応するシステムのみを指す場合もある。汎用のデータベース管理システム（DBMS）を利用して構築されているものが多い。図書館システムの導入により図書館業務の効率化がはかられたほか，ウェブ OPACや図書の予約なども可能となった。

（1）は，図書館の協力体制を示す言葉である。例えば，50以上の公共図書館で構成されるハワイ州公共図書館システム（Hawaii State Public Library System）などがこれにあたる。（2）については，図書館の業務・サービスに係るコンピュータシステムを示す。本章の図書館システムは，後者を意味する。

図書館システムには下記のような機能が含まれる。

① 予算管理
② 図書管理（発注，検収，受入，支払，除籍等）
③ 雑誌管理（発注，契約，検収，受入，清算，製本，除籍等）
④ 目録管理
⑤ 利用者管理
⑥ 窓口業務（貸出，返却，予約，リクエスト処理など）
⑦ 相互貸借（Inter-Library Loan: ILL）
⑧ OPAC
⑨ 外部情報資源管理システム

⑩　統計業務

⑪　帳票印刷（予約者一覧，督促状，利用者カード印刷など）

⑫　その他（"MyLibrary"機能，開館日管理など）

　図書館システムは，学校図書館司書や司書教諭によって開発されることもあるが，開発者の異動などによってシステムの維持管理が難しくなることがある。継続性を考えると，図書館システムのパッケージ商品を導入することが望ましい。学校向けの比較的安価で管理しやすい図書館システムや，サーバの保守やメンテナンスが不要なクラウド型図書館システムもあるので，自館の運用体制にあわせて選択したい。

　図書館システムの選定においては，必要な機能や処理能力，拡張性，書誌レコード等のデータ可搬性，ユーザインターフェイス，システム保守などを考慮し，システム作成仕様書を策定する。導入したシステムは，数年使用することになり，途中で大きな変更を加えることが難しいことが多いため，慎重に検討する必要がある。

　図書館システムの運用に際しては，個人情報の取り扱いに，より留意する必要がある。児童生徒の図書委員や，ボランティアが図書館システムを操作する際，どのようにアクセス権を設定するのかなどについて，あらかじめ決めておく必要がある。また，個人の貸出記録についても慎重に取り扱う必要がある。貸出記録は返却後速やかに削除すべきであるという考え方がある一方で，読書記録として活用してはという考え方もある。よって，司書教諭や学校司書による専門知識を生かし，学校や学校図書館の方針を定めておくことが重要である。

注・参考文献

1　日本書店商業組合連合会「日本書店商業組合連合会の概要」http://www.
n-shoten.jp/information.html（確認2021.2.15）

2　宮澤彰『図書館ネットワーク：書誌ユーティリティの世界』丸善，2002.

3　国立情報学研究所編. 目録情報の基準（第5版），2020年8月，https://catdoc.
nii.ac.jp/MAN/KIJUN/kijun5.html（確認2021.2.15）

4　日本図書館情報学会用語辞典編集委員会『図書館情報学事典（第5版)』丸善，
2020.

高橋安澄「TRC MARC の構築：図書館と利用者のための書誌データベースを目指
して」『情報管理』59（11），2017，P.732-742.

北克一・平井尊士『学校図書館メディアの構成』改訂新版，放送大学教育振興会，
2016.

和中幹雄・山中秀夫・横谷弘美『情報資源組織演習』新訂版（JLA 図書館情報学テ
キストシリーズⅢ-10），日本図書館協会，2016.

15 | 学校図書館メディアの利用と今後

呑海沙織

《**目標＆ポイント**》　本章では，アクティブ・ラーニングや学校教育の情報化，GIGA スクール構想等の学校図書館を取り巻く変化について学んだ上で，これらの潮流に対応する学校図書館メディアの在り方について考える。また，学校図書館メディアを活用する上で必須の知識である著作権の基礎について学ぶ。
《**キーワード**》　アクティブ・ラーニング，GIGA スクール構想，情報活用能力，著作権，著作物，授業目的公衆送信補償金制度

---

1. アクティブ・ラーニングとラーニング・コモンズ

　学習指導要領（平成29・30年改訂）では，社会に開かれた教育課程を理念とし，「何を学ぶか」にとどまらず，「何ができるようになるか」「どのように学ぶか」についても重視し，児童・生徒の「生きる力」を育むことが目指されている。

　図15-1は，この学習指導要領で育む資質・能力の三つの柱を表した図である。三つの柱は，①実際の社会や生活で生きて働く「知識及び技能」，②未知の状況にも対応できる「思考力，判断力，表現力など」，③学んだことを人生や社会に生かそうとする「学びに向かう力，人間性など」で構成されている。「何ができるようになるか」を明確化するため，すべての教科の目標・内容がこの三つの柱によって再整理された。

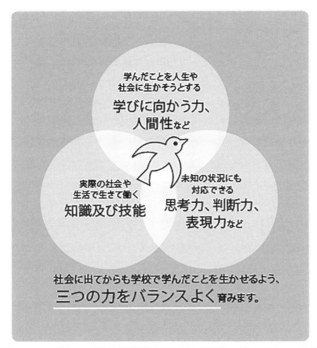

図15−1　新しい学習指導要領で育む資質・能力の三つの柱
出典：https://www.mext.go.jp/a_menu/shotou/new-cs/1383986.htm#section3

（1）アクティブ・ラーニング

　「どのように学ぶか」については，「主体的・対話的で深い学び（アクティブ・ラーニング）」の視点から授業を改善することが求められる。アクティブ・ラーニングとは，能動的な学びをいう。2012（平成24）年8月の「新たな未来を築くための大学教育の質的転換に向けて〜生涯学び続け，主体的に考える力を育成する大学へ〜（答申）」の用語集では，アクティブ・ラーニングについて下記のように説明されている。

教員による一方向的な講義形式の教育とは異なり，学修者の能動的な学修への参加を取り入れた教授・学習法の総称。学修者が能動的に学修することによって，認知的，倫理的，社会的能力，教養，知識，経験を含めた汎用的能力の育成を図る。発見学習，問題解決学習，体験学習，調査学習等が含まれるが，教室内でのグループ・ディスカッション，ディベート，グループ・ワーク等も有効なアクティブ・ラーニングの方法である。

　従来型の受動的な講義形式の教授・学習法とは対照的な能動的かつ参加型の教授・学習法である。将来の予測が困難な社会では，主体的に課題を発見し，考え，解決する力が望まれる。

（2）ラーニング・コモンズ

　ラーニング・コモンズは，アクティブ・ラーニングを実践する場である。北米では学校図書館などにラーニング・コモンズを設置する動きがある。例えば，カナダ図書館協会は，2014（平成26）年5月に『ラーニング・コモンズ：カナダの学校図書館ラーニング・コモンズのための実践基準（Leading Learning: Standards of Practice for School Library Learning Commons in Canada）』において，学校図書館のラーニング・コモンズの考え方や指標を発表している[1]。

　日本においては，大学図書館においてラーニング・コモンズが普及している段階であるが，学校図書館に自律的な学びの機能を強化することによって，ラーニング・コモンズと称している例等もみられる。2010（平成22）年10月の「大学図書館の整備について（審議のまとめ）―変革する大学にあって求められる大学図書館像」の用語解説では，ラーニング・コモンズを下記のように解説している。

複数の学生が集まって，電子情報も印刷物も含めた様々な情報資源から得られる情報を用いて議論を進めていく学習スタイルを可能にする「場」を提供するもの。その際，コンピュータ設備や印刷物を提供するだけでなく，それらを使った学生の自学自習を支援する図書館職員によるサービスも提供する。

　アクティブ・ラーニングを実践する「場」に着目されがちであるが，上記の解説に記述されているように，自学自習のための情報資源および自学自習をサポートするための人的資源が不可欠である。また，ラーニング・コモンズにおけるメディアは多岐にわたるため，授業や公共図書館との連携が重要である。

（3）情報活用能力
　新学習指導要領では，情報活用能力を初めて学習の基盤となる資質・能力として位置付けた。そして，情報活用能力の育成に必要な ICT 環境を整えるとともに，ICT を活用した学習活動の充実を図ることとしている。
　アクティブ・ラーニングを実質的なものにするためには，情報を適切に収集，評価，処理，発信する情報活用能力が前提となる。教科横断的位置づけにあり，さまざまなメディアを取り扱う学校図書館は，この情報活用能力を培う場として有効に機能することができる。

2.　学校教育の情報化

（1）学校教育の情報化の推進に関する法律
　2019（令和元）年6月には，「学校教育の情報化の推進に関する法律」

が公布・施行された。同法第2条では、学校教育の情報化を「学校の各教科等の指導等における情報通信技術の活用及び学校における情報教育の充実並びに学校事務における情報通信技術の活用」と定義し、第3条で、ICTの特性を生かした教育、すべての児童生徒による学校教育の情報化の享受、個人情報の適正な取り扱いやサイバーセキュリティの確保等、基本理念が定められた。

　同法において文部科学大臣は、総務大臣、経済産業大臣その他の関係行政機関の長と協議の上、基本的な方針、期間、目標等を定めた学校教育情報化推進計画を策定することとされ、地方公共団体については計画を策定することが努力義務とされた。

　基本的施策としては、第10条から21条にかけて、デジタル教材等の開発及び普及の促進、障害のある児童生徒の教育環境の整備、ICT環境の整備、学校の教職員の資質向上、個人情報の保護等が挙げられている。

　2019（令和元）年12月には、新学習指導要領の下、「教育の情報化に関する手引」が発表された。この手引きでは教育の情報化について、「情報通信技術の、時間的・空間的制約を超える、双方向性を有する、カスタマイズを容易にするといった特長を生かして、教育の質の向上を目指すもの」[2]と位置づけ、①情報教育、②教科指導におけるICT活用、③校務の情報化という3つの側面があるとしている。2020（令和2）年6月には追補版が発表され、学習場面に応じたICT活用の分類例のイラストの追加や、GIGAスクール構想を踏まえたICT環境整備等が追記されている。

　なお、「学校における教育の情報化の実態等に関する調査」[3]では、2020（令和2）年3月現在、インターネット接続率（30Mbps）は96.6%（2008（平成20）年は51.8%）である。教育用コンピュータ1台当たりの児童生徒数は4.9人であるが、1.8人（佐賀県）から6.6人（埼玉

県・愛知県・千葉県）と大きな自治体間の格差がみられる。また，教員のICT活用指導力に関しては，「教材研究・指導の準備・評価・校務」に関する項目について「できる」あるいは「ややできる」と回答した教員の割合の平均が86.7％，「授業にICTを活用して指導する能力」69.8％，「児童生徒のICT活用を指導する能力」71.3％，「情報活用の基盤となる知識や態度について指導する能力」81.8％という結果となっており，ICTを活用して指導する能力に課題がある。

（2）GIGAスクール構想

　GIGAスクール構想とは，2019（令和元）年12月に文部科学省によって打ち出された学校のICT環境を全国的に推進する構想である。ICT

ＧＩＧＡスクール構想の実現

令和元年度補正予算額　2,318億円
公立:2,173億円、私立:119億円、国立:26億円
（文部科学省所管）

○ Society 5.0時代を生きる子供たちにとって、教育におけるICTを基盤とした先端技術等の効果的な活用が求められる一方で、現在の学校ICT環境の整備は遅れており、自治体間の格差も大きい。令和時代のスタンダードな学校像として、全国一律のICT環境整備が急務。
○ このため、1人1台端末及び高速大容量の通信ネットワークを一体的に整備するとともに、並行してクラウド活用推進、ICT機器の整備調達体制の構築、利活用優良事例の普及、利活用のPDCAサイクル徹底等を進めることで、多様な子供たちを誰一人取り残すことのない、公正に個別最適化された学びを全国の学校現場で持続的に実現させる。

事業概要

（1）校内通信ネットワークの整備
－ 希望する全ての小・中・特支・高等学校等における校内LANを整備
加えて、小・中・特支等に電源キャビネットを整備

事業スキーム

公立　補助対象：都道府県、政令市、その他市区町村
補助割合：1/2 ※市町村は都道府県を通じて国に申請
私立　補助対象：学校法人、補助割合：1/2
国立　補助対象：国立大学法人、（独）国立高等専門学校機構
補助割合：定額

事業概要

（2）児童生徒1人1台端末の整備
－ 国公私立の小・中・特支等の児童生徒が使用するPC端末を整備

事業スキーム

公立　補助対象：都道府県、政令市、その他市区町村等
補助割合：定額（上限4.5万円）※市町村は都道府県を通じて国に申請
私立　補助対象：学校法人、補助割合：1/2（上限4.5万円）
国立　補助対象：国立大学法人
補助割合：定額（上限4.5万円）

措置要件

✓ 「1人1台環境」におけるICT活用計画、さらにその達成状況を踏まえた教員スキル向上などのフォローアップ計画
✓ 効果的・効率的整備のため、国が提示する標準仕様書に基づく、都道府県単位を基本とした広域・大規模調達計画
✓ 高速大容量回線の接続が可能な環境にあることを前提とした校内LAN整備計画、あるいはランニングコストの確保を踏まえたLTE活用計画
✓ 現行の「教育のICT化に向けた環境整備5か年計画（2018～2022年度）」に基づく、地方財政措置を活用した「端末3クラスに1クラス分の配備」計画

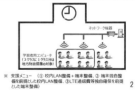

※ 支援メニュー　①校内LAN整備＋端末整備、②端末独自整備を前提とした校内LAN整備、③LTE通信費等独自確保を前提とした端末整備

2

図15−2　GIGAスクール構想の実現
学校教育の情報化の推進に関する法律及び「GIGAスクール構想の実現」について
出典：https://www.mext.go.jp/content/20200309-mxt_jogai02-000005572_003.pdf

を基盤とする先端技術や教育ビッグデータの効果的な活用により,「多様な子供たちを誰一人取り残すことのない,公正に個別最適化された学びを全国の学校現場で持続的に実現させる」ことを目的とする。その背景には,Society5.0時代に求められる能力への対応や,特別な支援を必要とするなどの子供たちの多様化がある。なお,GIGA は "Global and Innovation Gateway for All" の略である。

　具体的には,国公私立の小学校,中学校,特別支援学校等の児童生徒1人1台の学習者用パソコンの配備と,高速大容量の校内通信ネットワークの整備を目指すものである。当初,2023(令和5)年度までの実現を目指すとされていたが,新型コロナウイルス感染症の拡大によって,オンライン授業を実施する環境を迅速に整備する必要性がでてきたため前倒しされ,2019(令和元)年度補正予算として GIGA スクール構想の実現に2,318億円が計上された。

3. これからの学校図書館メディア

　このようなアクティブ・ラーニングへのシフトや,急速な学校教育の情報化に加え,2020(令和2)年には新型コロナウイルス感染症の拡大に伴い,学校教育そのものが大きな転換を迫られた。小学校,中学校,高等学校及び特別支援学校における全国一斉の臨時休業が要請され,オンライン授業を模索する動きが始まった。図書館も休館となり,非来館サービスの拡大について検討が行われた。

　このような潮流に対応するために,これからの学校図書館メディアはどのようにあるべきなのだろうか。まず,電子書籍や電子ジャーナル等のデジタル資料の整備をあげることができる。来館せずとも利用できるデジタル資料は,非来館型サービスの主要なコンテンツとなる。小中高等学校を対象とする電子書籍サービスとしては,School e-Library(ス

クールイーライブラリー）等がある。School e-Library は，年間28,800円で，41人が同時に出版社 8 社（岩波書店，偕成社，学研プラス，講談社，河出書房新社，フレーベル館，集英社，ポプラ社）が発行する1,000冊の電子書籍を読むことができる電子書籍の定額制読書サービスである。同時に利用できる冊数は限られているものの，導入しやすい価格設定となっている。その他，クラウド型電子図書館サービスとして電子書籍を利用することができる LibrariE（ライブラリエ）等がある。LibrariE では，KADOKAWA，講談社等の100社以上の出版社から 6 万点以上のコンテンツが提供されている。これからの学校図書館は，このようなデジタル資料と紙の資料をあわせて提供するハイブリッド型の資料提供がますます求められるようになるだろう。

　その他，学校図書館メディアを活用するにあたり，著作権に留意する必要がある。アクティブ・ラーニングや学校教育の情報化によって，児童生徒が能動的に情報を活用するだけでなく，情報を発信する機会が増加している。学校図書館は情報センターとして，児童生徒に著作権を正しく理解させる役割を担う。

4.　学校図書館メディアと著作権

　学校図書館で活用されるメディアには，図書，新聞，雑誌，写真，CD，DVD，ネットワーク情報資源などさまざまなものがある。これらは基本的に著作物であり，著作権をふまえて利用する必要がある。複写することや，デジタル情報としてやりとりすることが容易になった現代においては特に，知らず知らずに著作権を侵害することがないよう，充分に留意する必要がある。

　情報センターとしての役割を果たすため，司書教諭および学校司書は，著作権に関する情報提供を行うにとどまらず，著作権教育に携わること

が求められる。

（1）著作権と著作物

　著作権とは，文化的な創造物を保護の対象とする著作者の権利および隣接する権利であり，著作権法によって定められている。著作権法第1条では，「著作者の権利及びこれに隣接する権利を定め，これらの文化的所産の公正な利用に留意しつつ，著作者等の権利の保護を図り，もつて文化の発展に寄与することを目的とする」と定められている。第一義的には著作物等に関する権利者の権利の保護が目的であるが，そのことをもって文化の発展に寄与するとされている。著作権は，著作者が著作物を創作した時点で自動的に発生する。著作権を得るために手続きや申請などを必要としない無方式主義が採用されている。

　著作権法では著作物について，その第2条第1項で「思想又は感情を創作的に表現したものであつて，文芸，学術，美術又は音楽の範囲に属するもの」と規定している。同法第10条から12条の2では著作物を例示している。具体的には，小説，論文，講演，楽曲，絵画，地図，写真，コンピュータ・プログラム，データベースなどである。

（2）著作者の権利

　著作者の権利は，人格的な利益に関する権利と財産的な利益に関する権利に分けることができる。前者を著作者人格権，後者を著作財産権（狭義の著作権）という。著作者人格権は，財産権ではないため，譲渡や相続はできず，著作者が死亡すると消滅する。著作者人格権には，下記のような権利がある。

　1）公表権（第18条）

　　著作物を公表するか否か，公表する場合は，時期や方法を決める

　　権利

　2）氏名表示権（第19条）

　　著作物を公表するときに，著作者名を表示するか否か，表示する
　　場合は，実名か変名かを決める権利

　3）同一性保持権（第20条）

　　著作物の内容や題名を無断で改変されない権利

　一方，著作財産権は財産権であるため，譲渡，売買，相続の対象とな
る。また，著作権が譲渡されても，著作者人格権は著作者に残っている
ことに留意する必要がある。著作財産権には下記のような権利がある。

　1）複製権（第21条）

　　著作物を印刷，複写，録音，録画などの方法によって有形的に再
　　製する権利である。

　2）上演権・演奏権（第22条）

　　著作物を公に上演したり，演奏したりする権利。上演，演奏の録
　　音物を再生することを含む。

　3）上映権（第22条の2）

　　映画の著作物を公に上映する権利。この場合の映画は，劇場用の
　　映画のみならず，ビデオやコンピュータゲームの画面も対象であ
　　る。

　4）公衆送信権（第23条）

　　著作物を放送，有線放送，自動公衆送信する権利。公衆送信され
　　た著作物を受信装置を使って公に伝えることができる権利を含
　　む。自動公衆送信とは，自動送信装置（サーバー）に蓄積された
　　情報を公衆からのアクセスに応じて自動的に公衆送信することを
　　いう。このように自動送信装置に著作物を蓄積していつでも送信
　　できる状態にする送信可能化権を含む。

5）口述権（第24条）

言語の著作物を朗読などの方法により口頭で公に伝える権利。口述の録画・録音物を再生することを含む。

6）展示権（第25条）

「美術の著作物」と「未発行の写真の著作物の原作品」を公に展示する権利である。

7）頒布権（第26条）

「映画の著作物」の複製物を頒布（販売・貸与など）する権利であり，頒布には，譲渡，貸与，販売を含む。

8）譲渡権（第26条の2）

「映画以外の著作物の原作品又は複製物」を公衆へ譲渡する権利である。但し，特定少数の者に譲渡することは，この限りではない。

9）貸与権（第26条の3）

「映画以外の著作物」の複製物を公衆へ貸与する権利である。

10）翻訳権・翻案権（第27条）

著作物を翻訳，編曲，変形，翻案等する等の二次的著作物を創作する権利である。

11）二次的著作物の利用権（第28条）

著作権者がその著作物の二次的著作物の利用に際して，二次的著作物の著作権者がもつものと同等の権利である。

（3）著作物の利用

著作物を利用するには，その著作物の著作権者の許諾を得る必要がある。この許諾には，著作権者から直接許諾を得る方法と，著作権の管理を著作権者から委託されている著作権管理団体から許諾を得る方法があ

る。

　しかし，すべての著作物利用に許諾が必要であるわけではない。法令，国や地方公共団体等による告示，訓令，通達，翻訳物，編集物等は，許諾を必要としない（第13条）。また，著作権法では，下記のような例外規定を設け，許諾を得ずとも著作物を利用できるようにしている。

　1）私的利用のための複製（第30条）

　2）図書館等における複製等（第31条）

　3）引用（第32条）

　4）学校その他の教育機関における複製等（第35条）

　5）営利を目的としない上演等（第38条）

　6）許諾を必要としない著作物（第13条）

　権利侵害があった場合，著作権者は，権利を侵害したものに対し，違反行為の差止，損害賠償，不当利益の返還，名誉回復等の措置の請求を行うことができる。また，個人による著作権や著作隣接権の侵害は，10年以下の懲役または1,000万円以下の罰金，著作者人格権の侵害は，5年以下の懲役または500万円以下の罰金，法人による著作権の侵害は3億円以下の罰金と定められている。

（4）授業目的公衆送信補償金制度

　授業目的公衆送信補償金制度は，2018（平成30）年5月の著作権法改正に伴い創設された制度である。この改正以前は，著作権法35条の範囲内で他人の著作物を無許諾・無償で授業目的に利用することが可能であったが，インターネットを経由して提供することは授業目的であっても35条の範囲外であった（遠隔合同授業を除く）。しかしこの改正によって，授業目的公衆送信補償金を支払うことによって無許諾で公衆送信を行うことが可能となった。

　授業目的公衆送信補償金規程は2020（令和２）年４月28日に施行され，2020年12月18日に認可された。同規程により，１人当たりの補償金額（年額）は，小学校120円，中学校180円，高等学校420円，特別支援学校小学部60円，同中学部90円，同高等部210円とされている。なお，2020年度については，新型コロナウイルス感染症による特例的対応として補償金の額は０円とされた。

　2021（令和３）年度以降は，授業目的公衆送信補償金のワンストップの受取窓口である一般社団法人授業目的公衆送信補償金等管理協会（略称：SARTRAS）に補償金を支払うことによって個々の許諾を得ることなく，授業資料のインターネット経由の活用が可能となった。これにより，効率的に他人の著作物をオンライン授業等で活用することができるようになった。

注・参考文献

1　現在は，Canadian School Libraries に引き継がれ，更新されている。https://llsop.canadianschoollibraries.ca/（確認2021.2.2）

2　文部科学省「教育の情報化に関する手引」2019.

3　文部科学省「令和元年度学校における教育の情報化の実態等に関する調査結果」https://www.mext.go.jp/a_menu/shotou/zyouhou/detail/1420641_00001.htm（確認2021.2.2）

公益財団法人著作権情報センター「みんなのための著作権教室」http://kids.cric.or.jp/（確認2021.12.19）

堀川照代，中村百合子編著『インターネット時代の学校図書館：司書・司書教諭のための「情報」入門』東京電機大学出版局，2003.

森田盛行『気になる著作権 Q&A：学校図書館の活性化を図る』増補改訂版，全国学校図書館協議会，2019.

索引

●配列はＡＢＣ順，五十音順，＊は人名を示す。→は直接参照，⇒：は「をも見よ」参照。

分担執筆者紹介

川瀬　綾子（かわせ・あやこ）

・執筆章→2・3・4・6・7

2009年	大阪市立大学大学院創造都市研究科修士課程都市情報学専攻修了　修士（都市情報学）
現在	立命館大学文学部准教授
専攻	図書館情報学

主な研究業績

論文　①「司書教諭講習科目「学校図書館メディアの構成」、「情報メディアの活用」関係テキストに見る OPAC、総合目録等の取り扱いの検証」『大阪市立大学学術情報総合センター紀要』Vol. 9（共著）

②「司書教諭講習科目の科目間構成構造と総論科目「学校経営と学校図書館」の講義要綱の考察」『情報学 = Journal of Informatics』8（1）（共著）

③「図書館界の言説を焦点とした公立図書館における収集方針とマンガの取扱に関する考察～都道府県立・政令指定都市立図書館を中心に」『情報学 = Journal of Informatics』9（2）

④「教育の情報化時代の「チームとしての学校」と学校図書館の役割」『図書館界』69（2），140-150，2017（共著）

⑤「新学習指導要領における学習の基盤となる資質・能力の育成と IoT 時代の学校図書館」『図書館界』70（2），424-431，2018（共著）

著書　『新訂　学校図書館メディアの構成』（放送大学教材）（分担執筆　放送大学教育振興会　2012）

『改訂新版　学校図書館メディアの構成』（放送大学教材）（分担執筆　放送大学教育振興会　2016）

編著者紹介

米谷　優子（まいたに・ゆうこ）
・執筆章→1・2・6・7・8・9・10・11

学歴　　大阪市立大学大学院創造都市研究科都市情報学専攻情報メディア環境研究分野　修了　修士（都市情報学）
　　　　大阪市立大学大学院創造都市研究科博士（後期）課程　単位取得後退学

現在　　放送大学客員准教授
　　　　関西大学・同志社大学等　非常勤（嘱託）講師

専攻　　図書館情報学

主な研究業績

論文等　①「学校図書館はどのように称されているか：学校図書館の呼称と機能の認識」『図書館界』（日本図書館研究会）Vol.71，No.1（2019.5）p16-35.
　　　　②「子どもの読書活動の推進に関する基本的な計画」の変遷と課題」『情報学』（大阪市立大学創造都市研究科）Vol.15，No2，p13-32（2018.10）.
　　　　③「日本十進分類法新訂10版の検討」その（1）−その（14）『情報学』（大阪市立大学創造都市研究科）Vol.12，No.2（2015.9）（共著）
　　　　④「児童図書出版と図書館−石井桃子と図書館のかかわりから」『情報学』（大阪市立大学創造都市研究科）Vol.9，No.2（2012.9）.
　　　　⑤「学校図書館専門職関連施策の動向と課題─2014年法改正を中心に」（動向レビュー）『カレントアウェアネス』（国立国会図書館）No332（2017.6），p20-25．ほか

著書　　①『学校図書館メディアの構成』（放送大学教材）（分担執筆　放送大学教育振興会　2016）
　　　　②『学校図書館メディアの構成』（放送大学教材）（分担執筆　放送大学教育振興会　2012）
　　　　③『学校図書館メディアの構成』（シリーズ学校図書館学第4巻）（分担執筆　全国学校図書館協議会　2010）　ほか

呑海　沙織 (どんかい・さおり)

・執筆章→ 5・12・13・14・15

現在　　筑波大学図書館情報メディア系教授，筑波大学知識情報・図書館学類長，認定司書審査会（日本図書館協会）委員，大和市文化創造拠点等運営審議会委員，大学図書館研究会会長，超高齢社会と図書館研究会会長など
　　　　大阪市立大学大学院創造都市研究科博士（後期）課程修了，博士（創造都市）
　　　　京都大学附属図書館等の図書館員を経て，2015年より現職

主な著作　『超高齢社会と図書館：生きがいづくりから認知症支援まで』（分担執筆，国立国会図書館，2017）
　　　　『世界のラーニング・コモンズ：大学教育と「学び」の空間モデル』（分担執筆，樹村房，2015）
　　　　『図書及び図書館史』（分担執筆，日本図書館協会，2013）
　　　　『高齢社会につなぐ図書館の役割：高齢者の知的欲求と余暇を受け入れる試み』（分担執筆，学文社，2012）
　　　　『戦争と文化』（分担執筆，桂書房，2012）
　　　　『図書館・図書館学の発展―21世紀初頭の図書館』（分担執筆，日本図書館研究会，2010）
　　　　『学校教育と図書館：司書教諭科目のねらい・内容とその解説』（分担執筆，第一法規，2007）

放送大学教材　1291963-1-2211（テレビ※）

学校図書館メディアの構成

発　行　2022年6月20日　第1刷

編著者　米谷優子・呑海沙織

発行所　一般財団法人　放送大学教育振興会
　　　　〒105-0001　東京都港区虎ノ門1-14-1　郵政福祉琴平ビル
　　　　電話　03（3502）2750

※テレビによる放送は行わず，インターネット配信限定で視聴する科目です。
市販用は放送大学教材と同じ内容です。定価はカバーに表示してあります。
落丁本・乱丁本はお取り替えいたします。

Printed in Japan　ISBN978-4-595-32362-1　C1300